新时代职业发展与竞争力提升

李喜鹊　邵　阳　著

同濟大學出版社
TONGJI UNIVERSITY PRESS

内 容 简 介

随着我国进入二十一世纪的新时代，外部环境、组织、个人等因素的变化都对人才提出了更高的要求，对个体职业生涯规划提出了新的挑战。本书从实践出发，分析了影响企业绩效的人力资源因素，同时，也探讨了个体如何培养专业素质、提高职场竞争力的问题。内容涉及人力资源、女性竞争力等主题的研究，书中综合采用了问卷调查、案例研究、访谈等多种研究方法。

本书可供人力资源工作者和即将毕业的学生求职时参考。

图书在版编目(CIP)数据

新时代职业发展与竞争力提升 / 李喜鹊，邵阳著．—上海：同济大学出版社，2020.6

ISBN 978-7-5608-9296-2

Ⅰ．①新… Ⅱ．①李… ②邵… Ⅲ．①职业选择—研究 Ⅳ．①C913.2

中国版本图书馆 CIP 数据核字(2020)第 103813 号

新时代职业发展与竞争力提升

李喜鹊 邵 阳 **著**

责任编辑 姚烨铭 **责任校对** 徐春莲 **封面设计** 陈益平

出版发行 同济大学出版社 www.tongjipress.com.cn

(地址:上海市四平路 1239 号 邮编:200092 电话:021-65985622)

经　　销 全国各地新华书店

排　　版 南京文脉图文设计制作有限公司

印　　刷 江苏凤凰数码印务有限公司

开　　本 720 mm×1000 mm 1/16

印　　张 13.5

字　　数 270 000

版　　次 2020 年 6 月第 1 版 2020 年 6 月第 1 次印刷

书　　号 ISBN 978-7-5608-9296-2

定　　价 59.00 元

前　言

随着互联网、人工智能等现代科技广泛运用的新时代的到来，我国正从世界工厂框架下的“中国制造”转化为“中国智造”，组织平台化、扁平化带来了人力资源管理的巨大变化。处于新时代的个体进一步追求个体自我价值实现，组织承诺也发生了很大改变。外部环境、组织、个人等因素的变化都对人才提出了更高的要求，对个体职业生涯规划提出了新的挑战。个体的职业发展、专业素养培育以及竞争力提升，特别是女性作为人力资源管理的重要课题，在此背景下亟待根据这些变化进行系统的研究和探讨，以适应新时代社会进步和发展对人才的要求。

本书以新时代职业发展与竞争力为题共收录了两篇论文，内容涉及人力资源管理中的女性竞争力、技术专才等主题，书中综合采用了问卷调查、案例研究、访谈等多种研究方法，体现了较为规范严谨的研究过程。

第一篇论文作者为同济大学经济与管理学院工商管理专业的李喜鹊。作者选择职场女性为研究对象，通过开放性的访谈，将女性职场竞争力的概念分为差序胜负竞争力和平衡幸福竞争力。通过问卷调查考察女性职场竞争力与相关因素的关系。研究发现，现代职场女性以兼顾家庭又保持经济独立为首要成就动机；差序胜负竞争力与平衡幸福竞争力概念相互独立，不存在显著的相关关系；差序胜负竞争力与平衡幸福竞争力具有不同的显著影响因子。进一步研究还发现，婚育状况、年龄段、学历、单位性质不同时，职场女性差序胜负竞争力存在显著差异，而平衡幸福竞争力不存在显著差异。研究成果补充了女性职场竞争力研究方面的文献，对职场女性提升自身职场竞争力提供了参考方向。

第二篇作者为同济大学经济与管理学院工商管理专业的邵阳。作者访谈了36名航空公司人力资源从业人员、民航高校学生以及民航高校老师，确定了影响航空公司校园招聘有效性的因素。然后通过对以上三类调查者的调查取样，基于469份有效样本，发现了关键影响因素。根据以上研究成果，对S航空公司的2018年秋季校园招聘作出了招聘有效性评价。研究表明，影响航空公司校园招聘有效性的12个关键因素是招聘标准、雇主品牌、招聘规划、职业发展、就业重视程度、个人素质、校企关系、公司口碑、行业了解程度、高校实力、人力资源规划和录用流程。该研究可供民用航空行业同行及其他对专业度要求较高的行业的人力资源工作者参考。

本书内容从实践出发获得选题，既从企业角度分析了影响企业绩效的人力资源因素；同时，也从个体自身角度，探讨个体如何培养专业素质、提高职场竞争力。总之，本书内容研究较有深度，具有一定的启发作用，可供人力资源工作者参考。

编　者

2020年5月

目　录

第二篇　航空公司校园招聘有效性研究

第 一 篇

女性职场竞争力研究

第一章

绪　论

一、研究的意义

推进性别平等，鼓励女性把自身的追求融入实现中华民族伟大复兴中国梦的新征程中，是近年来我国政府重点推进的工作之一。自党的十八大召开后，习近平同志带领广大干部全方位提升妇女发展水平，有力地保障女性平等权利，增强女性的获得感和幸福感，使女性充分发挥主体作用。当代女性的价值观，不再局限于追求理想主义，不囿于孕育子女保证人类社会繁衍的天然属性，女性追求更加多元开放的人生，包括自我人生价值的实现、高级别的权力地位、高收入、发挥更大的社会价值等。

女性同男性一样参与职场，关注职业发展，追求个人目标的实现，并且以其独有的特质和魅力，在各个领域展现优异才能，越来越多的女性在全球政治和经济舞台上扮演重要的角色，女首相、女总理、女企业家不断涌现。女性力量在政坛迅速崛起：2016 年特蕾莎·梅赢得大选，当选为英国首相；2017 年 9 月已连任三届的德国总理默克尔赢得她第四次总理候选人资格；2017 年 10 月，37 岁的杰辛达·阿德恩当选为新西兰历史上第三位女总理。女性在企业、商业、教育等领域的表现同样突出，如格力董事长兼总裁董明珠、阿里巴巴资深副总裁彭蕾、阳光媒体集团主席杨澜、北大管理学教授兼企业文化战略专家陈春花，Facebook 首席运营官谢丽尔·桑德伯格(Sheryl Sandberg)等，大批优秀女性以卓越的领导力带领组织在各个行业市场竞争中披荆斩棘，成果丰硕。

国家统计局 2017 年 10 月 27 日发布了 2016 年《中国妇女发展纲要(2011—2020 年)》统计监测报告。报告显示，我国女性 2016 年就业范围、就业规模进一步提高，职场女性就业人数占全社会就业人数的比重为 43.1%。职场女性参与企业经营管理的比重继续提高，女性董事会成员在公司董事会成员总人数的占比为 39.9%，女性监事成员在公司监事会总成员人数占比为 40.1%，比 2010 年分别提高了 7.2 和 4.9 个百分点。女性专业技术人员的数量在企事业单位中也继续增加，女性专业技术人员在总专业技术人员总数中占 47.8%，2016 年总计超出2010年211万人。同时，接受高等教育的女性总体比重增加，高校女研究生占比为50.6%，总人数超过100万人，与2010年相比增加了2.8%。由此看出，参与市场竞争的职场女性不仅总人数在扩大，女性在职场的位置也有所上升。

然而，当前我们国家的人才性别结构不均衡，女性人才呈现金字塔式分布，低层次人才女性多，随着职级上升，高级别职场女性比例递减，高层次职场女性比例低于20%。同时，职场女性拥有各项权力的比例低于男性，那些身处权力位置的女性主要是边缘性的权力，在通往职场权力的道路上性别不平等存在明显①。女性职业发展面临严峻的形势，职场女性职场中遭遇的玻璃天花板现象，性别偏见、刻板印象等传统社会观点急需获得改善。深入广泛地研究职场女性成长障碍，帮助女性获得职业成长和提升迫在眉睫②。女性职场竞争力研究，有助于布局高瞻远瞩的人才发展战略，建立均衡合理的人才结构，在经济全球化迅速发展时期才能将我们国家从传统的人力资源大国转变为人才强国，助力经济长效强劲发展。

社会文明指人类社会的开化状态和进步程度③。女性职场竞争力，不仅关系到女性的个人发展与家庭幸福，而且与构建和谐社会，促进社会文明密切相关。西方有句谚语，"Happy wife, happy life"，社会主题文明由个人发展、家庭幸福和社会和谐等重要部分构建而成；社会关系文明由人际关系、家庭关系等重要部分组成。男女平等不仅是市场经济重点强调的部分，而且是社会文明的重要组成部分。社会观念文明由社会道德、社会心理等重要部分组成；改善女性职场竞争力，首先要积极促进社会观念文明的改善，打破"男主外，女主内"的传统社会观念，实现真正的男女平权和性别平等。

因此，研究女性职场竞争力，既有助于了解女性群体职场竞争力现状，更好地平衡工作和家庭，实现女性个体职业生涯的延续性和发展；又可以帮助企业更好地选对人才、任用人才、培育人才和留住人才。同样，有助于推进社会文明进程，提高社会就业率，增强社会稳定性，提升家庭生活幸福感，构建和谐社会，提升国家整体竞争力。

二、研究的问题

社会的进步和发展是一把双刃剑，一方面为女性带来了更多的参与竞争的机会，另一方面为职场女性带来了新的挑战，使得原本就面临多种困境的她们处境

---

① 唐有财.中国城市职场的性别不平等：基于权力的视角[J].妇女研究论丛，2011(04)：20-26.

② 李雨潼，黄蕾.基于出生队列的中国人口性别结构特征分析[J].人口学刊，2017，39(04)：30-39.

③ 陈德钦.论"五个文明"的内在关系结构[J].科学社会主义，2009(02)：45-47.

更加艰难。对女性职场竞争力的研究，首先需要了解职场女性生存的现状。

市场竞争促进职场女性竞争力的提升，为女性就业提供一系列的机会，社会分工有利于家务劳动社会化，市场经济追求利润最大化促使女性做出功利的选择①。市场经济信息依赖性的特点为职场女性价值发挥提供了广阔的舞台，其中日渐崛起的互联网经济对职场女性的价值影响突出。以感性、包容、乐于分享的女性特质，与互联网经济时代的特质不谋而合②。传统领域中女性创业者常常属于稀缺的状况，而借助于互联网平台的女性创业者数量达到"半边天"。以国内某知名网络交易平台为例，其活跃店铺排行榜上女性店主超过一半。女性店主经营的产品范围不再局限于传统的化妆品和服装行业，而是扩展到曾以男性经营者主导的家具装修和数码产品等行业。

女性管理者善于建立良好的团队氛围，培养员工的忠诚度、激发员工的创新热情③，这一特质利于新生代员工的管理。2000 年以后，新生代员工（1980/1990 年后出生）业已成为职场主力军，他们出生于我国经济迅速发展的时代，父母积累了良好的家庭条件，新生代职场人员的工作理念主张最大化工作与产出回报比，对自我偏好的满足程度，和谐的人际关系，追求多样性，期望获得长期的职业发展④。对新生代员工的管理，应通过人性化的管理方式⑤，加强沟通，在日常管理中营造温情的氛围，提升工作的"心情指数"，创造舒适的工作环境⑥。

然而，随着互联网时代的到来，个体崛起，组织下沉，无边界职业生涯逐渐成为主流。快速变革下企业自身发展不确定性增加，大量企业因为不能适应变化而被市场淘汰，或者重新调整组织架构以适应市场需求，进而迫使个体频繁转换工作。女性作为职场一员，其终身职业生涯不再局限于单个组织，而是要在不同组织间转换以实现职业生涯的延续性。无边界职业生涯，模糊了工作与生活边界并将二者渐次融合，职业自主性受到挑战，职场人员职业不安全感进一步增强。女性只有具备职场竞争力，才能在激烈的企业内部和外部市场角逐中，保持强的被雇佣能力或在创业时占据上风。

女性职业发展还面临工作和家庭难以平衡的难题。职场上，男性构成劳动力

---

① 高雯.当代中国女性价值观研究及其新开展[J].学术论坛，2012，35(05)：102-106，118.

② 史凯亮，郭月青.2015 年中国妇女社会地位调查研讨会综述[J].妇女研究论丛，2016(01)：115-120，128.

③ 范黎波，杨金海，史洁慧.女性领导力特质对员工绩效的影响研究——基于团队氛围的中介效应[J].南京审计大学学报，2017，14(04)：34-43.

④ 侯烜方，李燕萍，涂乙冬.新生代工作价值观结构、测量及对绩效影响[J].心理学报，2014，46(06)：823-840.

⑤ 荣鹏飞，葛玉辉，陈悦明.基于人性假设的 90 后员工管理研究[J].现代管理科学，2013(02)：91-93.

⑥ 刘淑庆.我国"90 后"员工职业生态探析[J].中国劳动关系学院学报，2015，29(06)：99-102.

市场的大多数，职场女性既要通过与男性的竞争获取事业成功，还要扮演好传统意识中贤妻良母的社会角色，要出得厅堂下得厨房、要照顾丈夫和教育子女。现代职场女性在不同角色间无缝切换无缝衔接产生了诸多角色困惑。2016 年出台的“全面二孩”政策，给有生育意愿的家庭提供了生育二孩的机会，也给女性带来了更加激烈的生育与职业发展的冲突。“二孩”政策又成为女性就业新的挑战，女性在照顾家庭中本来就比男性花费更多的时间与精力，多养育一个孩子，要额外多付出精力，越来越多无法平衡工作和家庭的女性选择离开职场、回归家庭。尽管国家通过强制或者鼓励出台相关福利、补贴，然而企业在雇佣员工时，为保证自身市场竞争力，会综合考量女性因为生育而产生的金钱成本和人力成本，降低相同条件下未育女性雇佣率，进一步降低女性得到工作机会的可能性。

基因技术、人工智能和机器人技术的发展，人与人的关系以及人与其他物种的关系正在发生改变，所以我们所有物种都面临着巨大挑战①。全球化、数字化、信息互联和人工智能的发展与应用引发的变革正在进行中，传统视角中不可替代的职场竞争力变得脆弱。过去的变革通常由几代人承担，而当代人在接下来的十几年时间里，需要独自面对来自人工智能的压力。在人工智能成为焦点的今天，社会变革加速，越来越多重复性高、附加值低的工作被智能机器人取代。

人工智能正在超越人类——曾经引以为傲的“高技能”职业也不例外。无独有偶，2018 年 2 月 19 日，澳洲四大银行之一的“澳洲国民银行”，突然宣布裁员 6 000 人。其他三大银行 2018 年预计裁减 20 000 个职位，占四大银行员工总数的 12%。原因并非经营不善，而是大势所趋。随着网上银行、手机银行等新技术的应用，取现金、ATM 转账等业务不再需要人工操作，大量工作由人工智能(AI)完成。我们最直观的感受便是出门购物不再需要携带现金，移动支付的趋势和应用不可逆转。弱人工智能时代是科学家为现阶段我们所处的技术革命时代的命名，人工智能在逐渐成长，一旦发展成熟，将会在越来越多的领域普及。

女性曾经因为谨慎、细致、稳健的普遍特征，成为会计行业从业人员的主力。2017 年 5 月，国际四大会计事务所之一的德勤推出的一款面向财务人员的人工智能产品——“小勤人”，它可以全年无休、每周七天、每天 24 小时不间断工作。处理基础财务工作，它只需要短短几分钟便可以迅速完成原本财务人员需要几十分钟才能完成的内容，从事会计行业的职场女性面临着前所未有的压力。

2018 年初，河北省唐山市政府宣布取消地方路桥收费站，有一名 36 岁的女

---

① 尤瓦尔·赫拉利.未来简史[M].林俊宏译.北京：中信出版社，2017.书名原文：Hom Deus：A Brief History of Tomorrow.

收费员找领导要说法:“我今年 36 了,我的青春交给了收费站,除了收费,我什么都不会,也学不了什么东西。”可见,外部环境在变,个体却没有足够的能力抵抗变化、应对变化时,势必被淘汰。

在新时代的强烈震动下和无法阻挡的大趋势面前,站在未来需求的角度,了解女性职场竞争力现状,思考提高女性职场竞争力的方式方法,继而有针对性地培养和提高我们的职场竞争力。减少通过程式化简单机械处理任务的价值比例,提高处理复杂任务的独特性和唯一性能力的比例,对女性主动应对变化获取职业发展意义非凡。

作为一名职场女性,同时也是两个孩子的母亲,笔者本人对于以上提到的女性职业的发展面临的诸多挑战深有体会,也常常会产生诸多的困惑。职场女性要和自身天然的怀孕生育等性别特质共存,明确自我对成功的认知,确保与岗位匹配的专业知识技能,扩展格局气度,增强抗压力,对工作的投入奉献等。职场的成功也离不开家人的支持、良好的家庭背景、环境和氛围等,减轻女性个体的负重,保证充足精力和时间投入职场,兼顾事业和家庭。企业文化与自身的符合程度同样影响职业发展,弹性工作制、良好的同事关系,获取职业导师的指导帮助等使女性不仅获得职业上升的机会,更能在工作中产生更多的幸福感。虽然现有的社会环境较之以往有很大的改善,但女性在面对激烈的市场竞争环境和快速的变革时,既要面对与男性同样的竞争环境,还要面对职业发展上升遇到的玻璃天花板以及大众对于女性的性别偏见,认为女性过于柔美无法担当重任或者高层女性是披着“女人外壳”的男人等刻板印象。职场女性如同走钢丝的人,一端是工作,一端是家庭,需要不断调整自身,不断尝试和寻求新的平衡点,以期二者兼顾。

以往的研究者,着重研究女性管理者及成功的企业家,并且在女性领导力、平衡工作和家庭冲突、女性职场困境等方面有大量优秀的研究成果,而针对职场女性竞争力的研究较为少见。本研究尝试探索女性职场竞争力内涵是什么?影响女性职场竞争力的因素有哪些?如何提升女性职场竞争力?家庭与职场女性事业的关系?包括性别特质、个体能力、家人支持、责任负担、企业环境及社会环境等因素造成的职场女性职业发展中断、职业生涯的停顿等,对女性职场竞争力外在、内在和主观、客观因素进行综合梳理,明晰女性职业发展的自我认知,帮助女性提升职场的工作表现,增强女性就业、创业竞争力。另一方面尝试探索女性如何充分利用自身优势,结合无边界职业生涯,人工智能相关就业创业等新型机遇,突破自身的限制。

三、研究的方法

1. 文献法

通过搜集、阅读、分析和整理“职场成功”“职场竞争力”“女性职业发展”等相关文献材料，梳理有关女性职场竞争力的历史研究。

2. 访谈法

访谈主要通过口头的形式，进行研究性的交谈。访问者提前设计好与研究内容相关的问题，与受访者面对面沟通交流，收集受访者对于问题的观点，获取客观中立的一手访谈资料，力求准确全面呈现样本所代表的总体信息。目前对女性职场竞争力的研究较少，问题涉及面广，复杂程度高，开放性访谈可以通过不同类型的人群对于同一问题的看法公开。本研究以开放性访谈选取不同年龄段、学历、行业、单位性质和工作年限但都有丰富职场经历的在职女性和男性为受访者，获取有代表性的关于女性职场竞争力内涵、影响因素、提升建议和职场女性家庭和事业的关系等一手观点，从而为本次研究提供了有效的基础数据和有价值的想法。

3. 问卷法

问卷是由研究者出于一定的研究目的，设计一系列为统计或调查用的问题清单组成。问卷设计者可以提供备选答案给被调查者；也可以对答案做相应的要求，如单选、多选、增加备注内容等；还可以不提供任何答案。问卷法通过向被调查对象发放调查问卷表，获得调查对象关于一系列预先设定的与研究主体相关的行为态度，广泛应用于心理学研究和社会调查领域。本研究的问卷基于前提访谈所建立的概念模型所涉及的个人、家庭、企业和组织等各主范畴以及各子因素，设计问卷内容，并通过专家意见、试测等最终选取 45 道题目，分为评分题项和选择题项两部分内容，通过评分题项获取评价数据，通过选择题项搜集人口统计学特征数据。本研究采用 Likert 五级量表作为评分参考，编制调查问卷，并通过微信渠道发放和收集问卷。

第二章

文献综述

一、相关文献综述

1. 职场竞争力相关文献

参与竞争的职场人员在两方或几方比较与对照时表现出来的综合性的能力即为职场竞争力。职场竞争力由存在关联关系的多项能力组成，是诸多能力的综合呈现，表现为职场人员获得职业目标的能力①。

20世纪90年代学者 Arthur 提出无边界职业生涯（Boundaryless Career）的概念，基于职业生涯与环境关系的考量，把无边界职业生涯的含义解释为职场人员职业生涯期内跨越某个就业环境边界的一系列就业机会。个体职业生涯在无边界职业生涯中不再完全由组织控制，更加强调个体与组织之间的依存关系②。职场人员在无边界职业生涯时代不仅要实现就业，更要在所在企业或者行业中显示出自身的竞争优势，培养自己独有的、不可替代的职场核心竞争力，拥有更大的选择权，将失业恐惧、竞争恐惧和相关风险降到最低。

国内外许多学者将“职场竞争力”视为职场中个体具备胜任岗位要求的知识、认知技能、人际关系、业绩表现突出、价值观和有能力承担某一项角色任务等的总和。学者 Defillippi 基于竞争力视角的研究指出职场竞争力（Career competence）③由 know-why（成就动机，个人价值，兴趣）、know-how（知识，技能，能力）、know-whom（企业内部，企业外部，职业和社会关系）组成，表现为个体合理分配知识、技能，内外部资源以获得所期望结果的能力。Graham 将职场竞争力分成四大关键组成部分，即职能竞争力、行为的竞争力、认知竞争力和价值观竞争力④。

---

① 杨欣斌，林徐润，盛鸿宇.基于职业竞争力导向的高端技能型专门人才能力模型研究[J].教育与职业，2014(29)：42-43.

② Arthur. Career frontiers：New conceptions of working lives[M]. M.B，D.M.Rousseau. 2000.

③ Defillippi，R.J，& Arthur，M.B. The Boundaryless Career：A Competency-Based Perspective[J]. Journal of Organ Dysfunction. 1994.

④ Graham Cheetham，Geoff Chivers.Towards a holistic model of career Competence[J]. Journal of European Industrial Training. 1996.

职场竞争力是一种综合能力，是个体在职场中表现出的独特的、不可替代的、有竞争力的技能、态度、知识等各个方面能力的总和。高职场竞争力的个体，往往具备更加大的选择权，职位级别的提升速度更快，收入增加更加快，整体工作绩效更好，也能够快速适应环境的变化。职场竞争力表现在多方面，如职场胜任力，具体表现为个体技能与组织需要的匹配程度；岗位契合度，即个体职场表现与组织要求期望的一致程度；职场敏感度，即个体对新生事物、组织发展、行业发展及社会发展的正确判断和认知，包含预判能力，高瞻远瞩。成功的具备职场竞争力的个体，不仅在组织内部被认为是持续有价值的个体，对于外部市场潜在雇主来说也有能力承担同等或者更大的责任，能匹配更高的职位级别和收入等。职场人员想要获得职业生涯的可持续性，可雇佣能力是重要的表现形式，也是职场竞争力的重要部分。可雇佣能力贯穿职场人员职业生涯，是职业成功的重要影响因素，可雇佣能力包括职业能力、胜任能力和就业能力三大范畴①。对于职场人员职业发展来说，职场竞争力意义非凡，为了更大的上升空间和拥有更多主动选择的权力，就必须时刻注意维持和提升现有的职场竞争力、培养面向未来的职场竞争力。

学者 Diane L. Gill 在关于男性与女性竞争力研究中提到，在竞争力上，男性的得分略高于女性，但大多数性别差异主要是由于男性在获胜取向上得分较高，而女性在目标取向上得分较高②。男性与女性在认知能力上没有性别差异，但在竞争、生活目标、对社交方式强调方面存在持久的性别差异。政策制定者和女权主义认为，性别歧视是劳动力市场结果中性别差异的主要因素，强调平等机会和家庭友好政策假定，尤其是男女之间的薪酬差距。最近的研究表明，高标准的女性就业和家庭友好政策降低了劳动力市场的性别平等，并产生了“玻璃天花板”。且男女职业生涯目标的差异有时比想象的要小③。

2. 女性职场成功相关文献

西方学者广泛认同的职业成功指个人在职业发展过程中累积的积极正面的、与工作相关的或心理上的成就(Seibert et al，2001)。越来越多的女性加入职场女性的行列，女性社会地位日益彰显，她们在各个行业的贡献突出、成绩斐然。职场

① 邹小玲.雇员可雇佣能力与职业成功及其关系研究[D].北京：北京交通大学，2013.

② Diane L. Gill, Competitiveness among females and males in physical activity classes[J]. Sex Roles, 1986, 15 (5-6): 233-247.

③ Catherine Hakim. Women, careers, and work-life preferences[J]. British Journal of Guidance & Counselling, 2006, 34(3).

女性职业发展的终极目标是获得职业成功，因此帮助女性实现这一目标激发了广大研究者的兴趣。女性更加细腻柔和，感情丰富，有包容心，女性的职业成功应充分考虑其性别特质和个体成就动机。

Eby(2003)强调在无边界职业生涯时代用客观和主观指标综合评价职业成功，包括可感知的组织内竞争力（Perceived Marketability within one's Organization)和组织外竞争力(Perceived Marketability in theExternal Market Place)和个人职业满意度(Career Satisfaction)。以人员在组织间流动的特点来体现职业成功，更加符合现阶段无边界职业生涯时代特征。客观职业成功与主观职业成功是学者们基于评价主体的差异对职业成功的界定，更加符合多样化的时代特征。客观职业成功和主观职业成功是两种不同但相关的职业成功类型。客观职业成功以他人评价为基础，强调客观的、可见的、外部观察到的尺度标准。例如权力、声望、职位级别和收入等能够观察到的、可衡量的组织内部和外部市场竞争力等。主观职业成功以自己评价为基础，强调主观的、隐性的、不易观察到的尺度标准。例如，工作家庭的平衡、主观幸福感、目标实现的满足感等内在的竞争力。

国内关于职场成功的划分较为普遍的是用职位级别、收入等衡量客观职业成功，用工作生活满意度来衡量主观职业成功。有学者将外在报酬、内在满足、和谐平衡三个维度来衡量职业成功观，进一步细分为九个类别，即权力地位、物质报酬、关系网络、绩效贡献、获得认同、安全稳定、才能发挥、自由快乐、和谐平衡①。

客观职业成功和主观职业成功是两种相关但不同类型的职业成功，也就是说，晋升速度快、职位高、收入高的职场人员并不总是满意他们的职业和生活工作状态，反之亦然。当然，客观职业成功使职场人员获得更好的权力地位或者物质报酬，一定程度上为改善生活环境增加内在满意度提供可观条件，所以说主客观职业成功二者之间存在一定的相关关系。同时，由于成就动机的不同，客观的职场成功不能完全决定职场人员的生活工作满意度，所以说，二者又是不同的、互相独立的职业成功类型②。

职场女性职业发展和职场成功以工作和家庭的平衡为重心。对职场女性来说，主观的、内部的成功是她们的主要目标，而相比较来说客观的、外部的成功更受男性青睐。女性职业成功不同于男性职业成功以外在的职业表现，如收入、职场层级等，女性强调自我实现和心理满足感，追求生活的完整意义，注重工作与家

① 周文霞，孙健敏.中国情境下职业成功观的内容与结构[J].中国人民大学学报，2010，24(03)：124-133.

② 王震，孙健敏.核心自我评价、组织支持对主客观职业成功的影响：人-情境互动的视角[J].管理学报，2012，9(09)：1307-1313.

庭的平衡，女性的职业成功首先强调平衡的家庭和工作关系，二者不是非此即彼的关系，而是兼而有之的存在。身处不同行业、不同职业的女性，甚至同一女性在不同人生阶段所认同的职业成功也是不同的，对于职场女性来说，职业成功是一个多元化概念，具有更多弹性的复杂的概念①。

3. 女性职业发展影响因素相关文献

女性的职业发展对个人和公司都至关重要。满意的员工专注于发展和机会、成长和成功。员工良好的职业发展，对自己的工作和最新领域的工作感到兴奋，创造了一个有竞争力的员工队伍，并增加了公司的竞争力，达到公司与个人双赢的最佳情况。谈到女性职场成功，多数人包括女性本身的第一反应是必须牺牲家庭作为代价，即不婚、晚婚、不育和晚育。背后隐含着女性要想获得职场成功，就要放弃生育、放弃家庭的假设。怀孕、生育、子女抚养及教育等在一定时期内占用女性的时间和精力，使女性客观上投入工作的时间和精力受到影响，甚至难以保证。也有公司差别性对待重返工作岗位的女性员工，假设其由于承担新生儿的抚养而无法胜任关键岗位，对其直接或者变相地调岗、降级。即使是那些原本生育前有很强的职场竞争力，具有很强的事业心和进取心，受过良好的教育的高知女性，有着远大的职业理想，希望能做出一番事业者也不例外。生育孩子后，面对人生的重大角色转变，女性的母爱天性被激发。稚嫩的婴孩所激发出的母爱为部分职场女性职业生涯按上暂停键，她们主动或者被动地选择对家庭妥协，追求更加现实的职业发展，比如希望更大的工作自由度，弹性的工作时间，兼顾工作家庭，离家近、少出差、少挑战的工作成为她们最期待的理想工作②。

“全面二孩”政策，提高了部分女性的生育意愿，也使得用人单位慎重考虑女性职员的生育成本，提高职场女性就业门槛（如已婚已育），甚至限制女性职业的发展，从而使职场女性工作和家庭的选择困境进一步加剧，部分女性不得不因为生育而牺牲职业发展③。而职场女性再生育后职业发展成本、人际关系成本的增加，使职场女性再生育的热情冷却④。即使夫妻双方都是上班族，人们仍旧认为

---

① 肖薇，罗瑾琏.女性职业成功的特征及评价标准构建问题研究回顾与展望[J].外国经济与管理，2013，35(06)：73-80.

② 国云丹.高知女性、生育与职业发展——以上海市21位女性为例[J].妇女研究论丛，2009(02)：26-31.

③ 刘丽.“全面二孩”政策下“80后”高知女性家庭与职业选择困境研究——以上海市抽样调查与访谈为例[J].山东女子学院学报，2017(03)：49-56.

④ 李静雅.已育一孩职业女性的二孩生育意愿研究——基于生育效用感和再生育成本的实证分析[J].妇女研究论丛，2017(03)：27-39.

男人专心事业发展、女性负责家务劳动这种传统家庭分工是有效的，多生育一个孩子，意味着更多的养育负担。其他家庭成员与职场女性自身需要的分歧，触发家庭矛盾的产生，从而进一步加重职场女性负担，影响职业发展与主观幸福感。

社会文明的进步，仍旧未能改变以男性为基础的组织实践中长期积累、根深蒂固的性别偏见。原本对于故意排斥职场女性的社会观念逐渐转为隐形的性别偏见。那些立志于职业发展、雄心勃勃的职场女性，跨越职位级别从低层到高层次攀升的道路上，不仅要面对可见的障碍，而且要跨越隐形的层层荆棘。职场女性职业发展道路上，遭遇性别歧视的不仅仅是少数女性高管，处在组织各层级上的职场女性都遭遇过不同程度的性别歧视。劳动力市场上的性别差异早已是公开的秘密，职场上无论在初级、中级还是高级职位的竞争中，女性都没有和男性享有平等的机会、平等的条件①。

玻璃天花板的定义是阻碍职场女性晋级到组织内部高级级别的显著障碍。玻璃天花板为职业女性的晋升设置了看不见的挑战与障碍，呈现形式千差万别，例如组织中男性作为主导有意无意地培养男性接班人、对于女性性别刻板印象的非职业化假设、旧的长期的社会评价标准差异等各个方面②。

女性管理者的优势主要体现在比男性管理者有更好的亲和力、沟通能力，劣势主要表现为相对的缺乏恒心、优柔寡断等。常见的职场女性管理者的领导风格包括和谐类、变革类、转换类、人本类和交易类③。在无边界职业生涯时代，组织所提供的工作已不再是女性全部的人生追求，她们愿意为个人目标实现和家庭投入更多时间精力。互联网时代的社会发展趋向柔性化特征，女性相比男性具备包容、愿意沟通、灵活应变和更好的集体协同工作等素质，对未来社会有非常高的管理价值，更适合无边界职业生涯的职场人员发展和成长需要④。

二、文献综述小结

职场竞争力表现为个体在组织中或者组织间流动时展现出竞争力。个体在组织内部的竞争力，表现为在同一组织中展现出优于其他人的胜任力、专业能力、

---

① 肖薇，罗瑾琏.第二代性别偏见与女性领导力开发[J].中国人力资源开发，2013(09)：96-99.

② 胡志鹏，闫淑敏.女性高管成长中的三重玻璃天花板及其突破路径[J].中国人力资源开发，2014(07)：30-36.

③ 胡剑影，蒋勤峰，王重鸣.女性企业家领导力模式实证研究[J].上海交通大学学报(哲学社会科学版)，2008，16(06)：69-74.

④ 张戌凡.无边界职业生涯背景下女性职业发展探析——基于社会性别的视角[J].南京社会科学，2012(11)：68-73.

社交能力，不可替代性等竞争优势，获取职业层级的上升和报酬的增加。个体在组织间流动时的职场竞争力，表现为在不同组织间转换过程中展现出的优于其他竞争者的胜任力，专业能力，跨领域跨企业等综合优势，获取新的就业机会，最终承担更多的责任、个人职业梦想的实现等，包含但不限于职业层级的上升和报酬的增加。

学术界对于女性职场竞争力的研究虽然比较分散，尚未形成统一的看法，但通过对相关研究进行梳理，仍然能够从中提炼出学者们关于女性职场竞争力具备共性的看法，并且为后期整理开放性访谈资料提供了较为科学的依据。

第三章

女性职场竞争力概念模型

一、开放性访谈概述

1. 访谈内容

开放性访谈选取了四个问题(附录 B 女性职场竞争力访谈提纲),包括:您如何界定女性职场竞争力?您觉得影响女性职场竞争力的因素有哪些?您认为如何提升女性职场竞争力?您认为家庭是职场女性事业的一部分吗?

2. 访谈对象

开放性访谈阶段共选取 39 名采访对象(附录 A 访谈对象基本信息表),其中有笔者 MBA 老师、同学、研究者所在的某世界 500 强跨国制造企业人力资源部同事。其中女性受访者 19 名,男性受访者 20 名。受访者职场工作经验介于 3 到 28 年之间,有丰富的职场经验;学历涵盖本科、硕士、博士等,受教育水平和文化素养较高;所涵盖行业跨越汽车制造、生物制药、快速消费品、批发零售、机械制造、贸易进出口、航空、金融和非盈利组织等;单位性质覆盖国有企业、政府机构、外资企业、物流企业、高等院校及私营企业等。受访对象在招商、投资、人事、研发、采购、制造、销售和市场推广等多个职能部门担任不同职务。

女性和男性受访者以不同视角的访谈,分享对女性职场竞争力的理解,为本次研究提供了丰富的信息来源。女性受访者依托自身经历提供第一手资料;男性受访者基于对女性同事、上司、下属、朋友、伴侣或其他女性家庭成员的观察,从不同角度反馈信息。由于访谈对象受教育程度较高且具备丰富的职场经验,对访谈问题理解充分,减少问题理解不充分而造成的偏差,更易分享有价值的观点,有助于研究成果更加丰满、更加可行。

3. 访谈内容整理

为确保访谈顺利进行,正式访谈之前,通过面对面、电话、邮件和微信等方式提前告知受访者相关主题，提前预约访谈时间。访谈过程中，保持访谈环境轻松愉快，面对面与受访者沟通交流，并在获得个别受访者允许的情况之下做了录音，后期结合实际需要，再次联系受访者就个别关键问题对记录内容进行澄清，力求避免理解偏差。

访谈内容的整理分为文本转化、概念抽取、主范畴归纳三个步骤。首先，将访谈信息归纳整理为文本信息，为建立女性职场竞争力概念模型提供一手数据。通过逐句检查，分解访谈原始资料，将内容区分归类为内涵、影响因素、提升策略及家庭与事业的关系。其次，对已归类数据初步概念化，并归聚、合拢、提炼成更高的概念，即范畴化。再次，对范畴化内容之间的关联关系，重新归纳聚合为主范畴。

通过广泛阅读文献丰富关键因素，并结合传记、媒体报道、节目对话等二手资料，多群体和多维度观察成功女性特质，对访谈提取的关键影响因素进行补充和修正，为构建女性职场竞争力影响概念模型提供全面丰富的信息来源。

4. 访谈概括

（1）您如何界定女性职场竞争力？

采访过程中，多数受访者将女性的职场竞争力内涵归结为以下几个方面：女性能够为公司提供足够的经济贡献与产出的能力；女性在职场上的工作产出与收入的比值保持高位，即对组织来说，投入产出比越高，越有竞争力；女性具有的超越同年龄、同级别、同性别的技术能力、管理能力及沟通能力；女性在工作中能够保持不断进步，与时俱进，不被职场淘汰的能力；女性利用自身性别特质和个性特质，为公司提供多元文化，激发同事间的工作积极性的能力；保持女性的优势，柔性、细致、认真等天然的个性特点，获得认可的能力；女性在职场中的角色不被贴上“女性”标签，充分发挥自我的独特性、保持本心充分展现才华的能力；女性可替代男性的能力；女性在职场充分展示自身才华并被提拔到能力许可的上限，获得职位提升、薪资提高、承担更多责任，体现的不可替代性。女性职场竞争力是实现以上目标的手段、方法、能力的综合结果，其核心是职场女性实现不可替代性和保持职业安全感。以上内涵可归纳为女性在组织间、组织内部获得职位提升、收入提高的能力，是外在的、显性的、可衡量的竞争结果。

少数受访者，尤其是女性受访者认为女性自身的平衡幸福感是女性职场竞争力构成必不可少的部分。主要包含以下几点：兼顾家庭与子女教育，在二者间保持动态平衡；自我价值的实现，以及追求自我实现所产生的成就感、愉悦感、满足感。可归结为职场女性的平衡幸福的能力，是内在的、隐性的、难以衡量的主观感受。

两名受访者对女性职场竞争力定义表示不清楚，也有部分受访者将女性职场竞争力的内涵细化为影响因素，说明当下社会对女性职场竞争力还没有统一的认知。

综上所述，女性职场竞争力可界定为职位级别、薪资收入等外在的、显性的竞争结果和平衡工作家庭、身心幸福等内在的、隐性的特征。

(2) 您觉得影响女性职场竞争力的因素有哪些？

通过访谈结果的整理，女性的职场竞争力分为个人因素、家庭因素、企业因素和社会因素四个主范畴。

部分受访者认为女性的职场竞争力普遍低于男性，原因是企业性别歧视、家庭压力、生理结构差异，造成女性有很多特殊时期，如怀孕、生育、产假等，从而错失升职机会；而相比于女性，男性下班后很少照顾孩子，承担家务相对较少，有更多的时间和精力用于职业发展。

部分受访者认为未婚女性职场竞争力和男性相同，但怀孕生育后要投入大量时间、精力照顾家庭、养育孩子，造成女性职场竞争力下降。

也有受访者认为和男性职场竞争力相同，女性除了怀孕生育短时期内受到影响，其他时间并没有和男性有任何不同。工作内容和质量要求不会因为是女性或者男性而有所改变，甚至女性在人事、财务、市场、媒体和主持人等领域更适合，竞争力更强。

(3) 您认为如何提升女性职场竞争力？

受访者针对该问题提出了很多有价值的观点，归结起来可分为个人、家庭、企业和社会四个层面。个人层面，提到了职业规划、格局气度、责任心、学习能力、人际关系及社交圈等多角度，如“不断学习充电，提高自身技能，情商，培养优秀的个人品质，如责任心、自律等”“个人素质和修养的提升，吸引更多人帮助，不要太尖刻，不要心眼小”“扩大社交圈，同不同职业、年龄、国籍人员沟通交流，扩大视野，增强同理心，增强识人的能力”“适合的才是最好的，职业生涯不是人生生涯的全部，享受生活更重要”“多去爬山，看高山大河，扩展心胸”，等等。家庭层面，提到了家人支持、家庭关系等，如“家庭内部沟通，如女性的职场潜力大，则另一方或长辈多分担内部事务，减少干扰”“和谐的家庭关系，平等的家庭地位，家庭的支持”等；企业层面提到企业文化、企业指导，如“公司文化，倡导多元性，发展女性领导者”“组织和培育多元化的活动；组织孩子照料俱乐部；帮助聪明女性设立和设计职业规划”“企业组建女性职业发展社区，为女性职业发展助力”等；社会层面，提到避免歧视、政策福利等，如“国家层面，弹性休假制度，减少企业因为休假成本对女性的就业歧视”“社会为女性提供更多的支持，让她们解放更多的育儿精力”“国家加强在女性生育期间对企业的补助”等。

(4) 您认为家庭是职场女性事业的一部分吗?

总计 32 名受访者参与该问题的回答,如图 3-1"您认为家庭是职业女性事业的一部分吗?"访谈结果统计所示,半数以上(56%)受访者认为家庭是职场女性事业的一部分;35%受访者认为家庭不是职场女性事业的一部分;另有三名受访者认为根据实际情况不同有时是、有时不是。其中男性和女性群体对于该问题的态度并无明显差异,婚姻状况不同对受访者的态度也无明显差异。

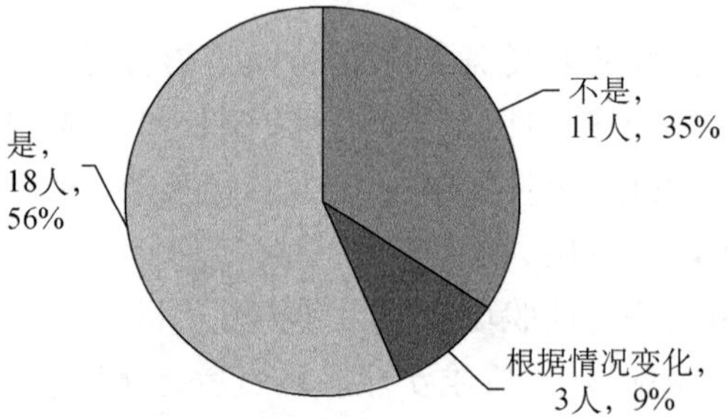

图 3-1 "您认为家庭是职业女性事业的一部分吗?"访谈结果统计

认为家庭是职场女性事业一部分的受访者提到,对子女的教育是女性的大事业,现今更多女性留在职场,是为了给家庭减负,职场女性事业影响经济基础,影响家庭存在感,直接影响家庭关系。有受访者提到家庭是每位合法公民职业的一部分,是职场男女事业的共同部分,男性女性都要为家庭作出贡献。经营家庭是全社会发展的一部分,从男性与女性的角度都应该把家庭放在首要位置。如果家庭关系或者生活方式不和谐,同样影响到日常工作。家庭和事业二者相互影响,相互融合,家庭的幸福程度能够影响职场女性事业发展,故认为职场是女性事业的一部分。家庭很幸福,得到很多支持,使事业发展没有后顾之忧;家庭很不幸福,不得不投入事业,希望通过努力改变现状,也可以获得成功。也有受访者提到,事业和家庭是女性始终难以做到两全的,精力和时间分配要根据需要分配。

认为家庭不是职场女性事业一部分的受访者,认为尽管家庭不是女性事业的一部分,然而应该使有孩子的女性追求事业成为可能。对于高层管理的工作,生育孩子绝对是(暂时的)挑战,但并非不可能。

认为二者关系根据情况变化的受访者认为,事业狭义上的定义是有规模、有目标、系统性的、经常性地影响社会发展的活动。广义上的定义,包含个人成就。狭义上讲,家庭不完全算是女性事业的一部分。但从广义上讲,家庭是女性事业,也是男性事业的一部分。只是大多数情况来说,女性对于家庭付出的权重更大。经营好家庭也有商业价值,能给女性带来成就感、自我认同感。

几乎所有受访者都认为，家庭和职场女性事业之间存在互相促进、相互影响的关系。

二、女性职场竞争力概念界定

如何界定女性职场竞争力？通过归纳访谈有关女性职场竞争力内涵的问答，将女性职场竞争力的概念做如下界定。

（1）女性职场竞争力是女性在职场上通过竞争达成目标实现的综合能力。职场竞争力越强，女性的职场持续性、可雇佣能力越强。女性职场竞争力是女性在职场竞争中表现出来的综合性优势，是有助于女性实现以下各项目标的能力：

① 实现职业延续性和发展性，强调长期性，而不是某一段时间的优秀突出；

② 能够应对外界变化，实现拓展个人职业发展的可能性；

③ 打造属于自己的不可替代的专属能力，也称“核心竞争力”，无法被其他竞争者们轻易学习和模仿的能力。

（2）现代职场女性对于人生的追求，不再局限于某单一方面的成功，相对于传统的要么放弃家庭做女强人、要么回归家庭做全职妈妈，现代女性普遍选择兼顾家庭与工作，实现经济独立的同时，获得更加丰富的生活体验。访谈中，女性受访者多次提到自我价值的实现，追求丰盈人生，不愿意局限于工作或者家庭。

综上所述，本研究将女性职业竞争力分类为包括差序胜负竞争力和平衡幸福竞争力。

1. 差序胜负竞争力

差序胜负竞争力，是指女性跨越竞争阶梯跃升到更高级别职位的能力，通过可衡量的、职场层级高度差异评价女性个体职场竞争力，如薪资报酬、权力地位、层级和关系网络等。差序胜负竞争力越强，个体相应获得的收入、地位越显著，被雇用能力越高；反之，差序胜负竞争力越弱，相应的收入、地位、被雇用能力越低。差序胜负竞争力，是竞争力客观的、可衡量的、显性的表现。

2. 平衡幸福竞争力

平衡幸福竞争力，是指女性平衡家庭、子女教育与工作，有效分配时间和精力，获得主观幸福的综合能力。平衡幸福竞争力从女性才能发挥、获得认同、幸福感、家庭稳定、子女教育和谐平衡等丰富性衡量职场竞争。平衡幸福竞争力是职场竞争力主观的、不易衡量的和隐性的表现。

三、女性职场竞争力影响因素

影响女性职场竞争力的因素有哪些？通过整理归纳访谈资料，总共整理出223条有关女性职场竞争力内涵和影响因素的内容，通过进一步概念化整理，抽取到512条概念化信息，去除重复信息得到80条原始概念、11个范畴。为了节省篇幅，选取部分作为例证，如表3-1所示。

表3-1　　开放式编码过程

序号	访谈记录	概念化
1	职场竞争力的目标应聚焦在获得职场的成就感，职位提升，薪资，更多责任，不可替代性等方面。核心是不可替代性和职业安全感。职场竞争力就是达到以上目标的女性特有的手段、方法、能力等因素	职位提升； 成就感； 不可替代性； 职业安全感
2	职业成功，职场上发展到才华许可能力上限，并且通过职业发展获得愉悦感、成就感和职级上的提升	才华； 愉悦感； 成就感； 职级
4	女性职场竞争力包含职位高低、幸福指数。选择教师、公务员等岗位，因为假期多，工作稳定压力小，可以兼顾家庭，职场竞争力更强，更加容易获得幸福感和成就感	职位高低； 幸福指数； 稳定； 兼顾家庭
9	在工作中永葆提升自己工作能力和动力，严格做事，制订自己职业规划的能力； 在工作中勇于担当，对领导负责，凡事有反馈，团结同事，有让整个团队和谐奋进的能力	自我提升； 职业规划； 勇于担当； 责任心； 反馈； 同事关系； 营造团队氛围
13	工作胜任力； 积极主动的工作态度； 开拓新工作领域能力； 沟通协调能力	胜任力； 积极主动； 创新； 沟通协调
16	是否具有超越同年龄、同级别、同性别的技术能力、管理能力及沟通能力	技术能力； 管理能力； 沟通能力
17	需要为公司提供足够的经济贡献与产出； 为公司提供多元文化，激发男性员工的工作积极性	贡献； 产出

（续表）

序号	访谈记录	概念化
63	面试时，不要对男性和女性使用双重标准，比如很少问男性关于结婚生子的打算，甚至为男性照顾家庭加分；却对女性采用不同的标准要求，认为女性照顾家庭影响工作投入和表现。女性要针对认知偏见，进行对策性思考，在跳槽或者面试时清楚剔除相关因素，不影响跳槽或者升职结果。树立规范，避免一些歧视性问题	认知偏见； 对策性思考； 性别歧视
64	要搭建好的朋友圈，和比自己优秀的人在一起，学习他们的优点，设置角色楷模（role model），获取让自己成熟的力量，让自己更加优秀	角色楷模； 优秀朋友圈
76	时间管理，每天挤出固定时间用于自我学习，职业规划	职业规划； 学习
103	到男性多的地方去，到女性不愿意去的地方去	职业选择
107	不要太过强势，自信不自负，聪明和知识渊博的女性一定会成功	自信； 聪明； 知识渊博
135	增强身体素质，不断学习，提高能力，心态稳定，家庭和睦，有家庭作为后援	身体素质； 学习； 心态； 家庭和睦； 家庭支持
152	女性的职业发展意愿，野心，上进心。传统观点认为，女性只有放弃家庭才能获得岗位；企业录用女性员工通常会考量未育女性怀孕生子育儿需要几年时间，权衡由此带来的成本而决定是否录用，降低未婚和已婚未育女性跳槽时的职场竞争力	意愿； 野心； 上进心； 传统； 怀孕； 生育； 企业成本
162	个人努力，体力精力好，公司的 CEO，女性，工作到凌晨 2、3 点是常态；第二天照样精神饱满来上班；先生全职在家带孩子；个人愿意为了工作全世界跑，也愿意为了工作移居到不同城市，和家人一起不断适应新的生活环境和工作环境	个人努力； 体力； 精力； 健康力； 伴侣支持； 适应性； 移动性； 愿意付出
205	时间管理，因为女性要兼顾事业和家庭，本来时间就不够用，如果时间管理能力差，会更加雪上加霜，影响职场竞争力	时间管理

（续表）

序号	访谈记录	概念化
210	年龄因素，在一些外资企业，随着年龄的增长在一些中级或者初级岗位，女性的竞争力呈现下降趋势；而在教育行业，医生行业，女性职场竞争力呈正相关	年龄； 经验； 行业选择

通过主轴编码完成访谈资料的概念化及范畴化，不断研究比较，梳理不同范畴之间的逻辑关系，发现女性职场竞争力的影响因素来自不同的主体范围，最终将 266 条原始概念划分为 11 个范畴，经过部分删减去除重复项，合并相似项，进一步完善原始概念规整为 83 条初级概念。根据罗青兰等的观点，宏观层面的社会文化，中观层面的组织与家庭和微观层面的个体，以及各个层面之间的交叉作用，都是影响职场女性职业发展成功的关键因素①。因此根据不同范畴之间的关联关系，将 11 个范畴组合归纳为不同的影响因素类别，形成四部分主范畴（主要因素），即个人因素、家庭因素、企业因素和社会因素四部分。以下是四部分主要因素的分析介绍。

1. 个人因素

影响女性职场竞争力的个人因素（表 3-2），分为性别特质、成就动机、个体特质、学习发展及资源背景等方面。

女性职场竞争力是相对于男性职场竞争力而言的，因此性别特质是女性区别于男性职场竞争力的最显著因素。性别特质指女性性别属性、性格特质等产生的综合因素。目前人类文明进步尚且没有到彻底消除社会性别鸿沟的程度，女性与男性之间的性别差异无须争论。然而，如果为了刻意追求表面的两性平等而忽略性别差异，将会因为矫枉过正忽略事实而误入歧途，不仅不能实现真正意义的性别平等，反而给女性身体和心理带来更大的负面影响②。采访过程中发现，受访者多次提到女性性别特质对职场女性带来的影响，如女性的生理结构，使女性怀孕、生育、哺乳等特殊时期需要特殊照顾，企业录用女性员工前，通常会权衡女性怀孕生育产生的雇佣成本，从而降低女性跳槽时的可雇用能力，进而影响职场竞争力。

① 罗青兰，孙乃纪，于桂兰.基于文献分析法的女性高层次人才职业成功影响因素研究[J].经济经纬，2014，31(02)：97-100.

② 王晶，李乾坤.关于性别差异与性别平等的哲学思考[J].吉林大学社会科学学报，2016，56(06)：130-136+191.

表 3-2 主轴编码——个人因素

主范畴	范畴化	原始概念
个人因素	性别特质	B2 宽容,忍耐;B17 怀孕生育;B35 灵活;B38 敏锐的直觉,洞察力;B44 亲和力;B45 感性,缺乏理性思维;B48 善于沟通及运用非职权型影响力;B78 心胸不够开阔
	成就动机	B11 高收入;B26 兼顾家庭又保持经济独立;B58 稳定性;B68 职位提升,赢得支持和尊重;B69 职业安全感;B73 追求权力,不被他人控制;B76 自我实现的满足感,成就导向;B62 争取成功,希望做到最好
	个体特质	B7 创新设计能力;B8 聪明有智慧;B12 个人努力;B16 团队合作精神;B19 主动性;B27 健康力;B30 解决问题的能力;B33 献身组织精神;B34 抗压力;B37 领导力;B39 年龄;B46 情绪管理;B47 人际关系处理能力;B50 社交能力;B52 价值观;B54 时间管理;B56 适应变化;B59 形象气质;B63 责任感;B64 战略思考能力;B67 执行力;B72 专业知识与技能;B75 自我认知;B77 自信,自律;B78 社会敏感性;B79 计划决策能力;B52 理解力;B81 洞察力;B82 共情力
	学习发展	B3 成长意愿;B4 持续学习;B15 行业选择;B53 生育规划;B70 职业规划;B61 跨区域工作意愿
	资源背景	B29 教育程度;B32 经验;B51 社交圈;B65 资质证书

女性柔性性格特征包含敏锐的洞察力、亲和力、宽容忍耐等特性,善于沟通、更容易理解他人及非权力型的影响力、避免冲突、灵活敏捷等特性,使女性在当今社会快速变革时期更易接受变化。随着社会现代化程度的提高,柔性凸显、取长补短和刚柔相济的柔性领导力的重要性日益凸显(贺善侃,杨政,2013)。[①] 女性的性别特质还包括感性、缺乏理性思维、缺乏自信、不愿主动要求加薪、不好意思拒绝分外的工作等。在思维能力和方式上,由于女性和男性大脑皮层结构的差异,女性的思维属于网状平面思维,男性思维属于线型思维。女性看问题比较灵活,跳跃性地搜集相关信息,能考虑问题的方方面面,形象地展示物体的形象,有天然敏锐的直觉和第六感,对于逻辑判断和应用推理类的缺乏兴趣[②]。

成就动机方面,女性的成就动机包含高收入、高职位、自我实现等,受访过程中多位女性强调兼顾家庭又保持经济独立、稳定性、职业安全感等。研究表明,标

① 贺善侃,杨政.从现代领导力的柔性化趋势看女性领导力开发[J].中国浦东干部学院学报,2013,7(04):61-65.

② 聂志毅.女性的职业优势与领导力[J].学术界,2010(03):115-121,286.

准的行为测量和心理测量尺度的个人竞争力是积极相关的，基于个人发展动机不同的个性和兴趣的竞争差异进行区分①。成就动机长久以来都被认为是造成女性和男性差异的重要原因。女性常常被认为不喜欢竞争的、居家的、安于现状的。女性因为害怕损伤人际关系和婚姻幸福而避免成功，“成就恐惧”在与男性竞争的情况下表现得更为明显。麦可兰德认为，男性在竞争环境中的成就导向高于女性。我国成就追求上受儒家思想影响依旧，在温良恭俭让的文化中成功是功利的，因此社会文化氛围对此是不认同、不鼓励，甚至是压制的。如果东方哲学和西方哲学一样认同个人成就，赞美个人成功，职场人员的职业成就导向将极大增加。女性无论在教育还是职业成就导向本身就低于男性，加上中国传统文化的影响，中国女性成就导向普遍低于男性②。同等岗位竞争时，即使女性总体能力高于男性候选人，女性对薪酬的期望也低于男性，这种情况女性的竞争力会强于男性。

个体特质指个体能力不同影响职场表现的各个因素，如专业知识与技能、个人努力、团队合作精神、主动性、解决问题的能力、献身组织精神、抗压力、领导力、情绪管理、人际关系处理能力、社交能力、价值观、时间管理、适应变化、形象气质、责任感、战略思考能力、执行力、自我认知、自信、自律、社会敏感性、共情力等。胜任岗位需要的专业知识与技能是职场竞争力的基础要素。团队合作精神，意为愿意与他人合作，作为组织或团体的一份子共同完成任务。在工作中勇于担当，对领导负责，凡事有反馈，团结同事，拥有让整个团队和谐奋进的能力。抗压力，是从内心受挫的困境中重新振作的技巧③。自信，指有能力完成任务的信心或解决问题的信念，特别是面对复杂问题时表现出来的对自己决定或判断的自信。献身组织精神，指个体根据组织的需要，进行个体安排优先级排序，调节自己行为的能力和自愿度。可表现为把组织的使命放在个人的喜好之上的行为，如对工作的投入程度、跨区域工作的意愿、加班等。韩国前总统朴槿惠在自传中写道：“我选择了希望。我的人生能够走到现在绝不是光凭自己的力量。能够强忍绝望以及常人无法承担的悲伤，全都是因为我的人生不仅仅属于自己。”④从事 HR 招聘的受访者认为，同样能胜任岗位的候选人，考虑岗位需要经常出差，压力大，则会录用男性。因为女性要兼顾事业和家庭，本来时间就不够用，如果时间管理能力差，会

① Werner Bönte, Sandro Lombardo, Diemo Urbig. Economics meets psychology: Experimental and self-reported measures of individual competitivenessJ[J]. Personality and Individual Differences, 2017, 116.

② 景怀斌.中国人成就动机性别差异研究[J].心理科学，1995(03)：180-182.

③ 久世浩司.抗压力[M].贾耀平译.北京：北京联合出版公司，2016.

④ 朴槿惠.绝望锻炼了我：朴槿惠自传[M].兰青荣，等译.南京：译林出版社，2013.

更加雪上加霜，降低职场竞争力。在无法阻挡的大趋势面前，创新设计能力是主动应对变化的关键，让创造性内容变成工作的一部分，超越传统框架的束缚，善于创新，掌握一门或者多种以想象力为核心的技能，打造职场竞争力。也有受访者提到，要不断加强自我认知：我的性格如何？我有什么优缺点？我适合做什么？是否能够为组织创造价值等。

学习发展，是影响女性自身对于个人发展、能力提高的规划统筹能力，包含为成长意愿、持续学习能力、行业选择、生育规划、职业规划以及为获取个人职业发展的跨区域工作意愿等。现代社会发展迅速，无论是在知识、文化、业务能力等方面对职场女性都有了新的要求。只有不断加强女性自我学习进步，才能适应当今社会的发展，在职场中生存下去。管理自己的职业发展，学会不断地识别自己的目标，以及在当前的工作环境中如何达到目标，是良好的职业生涯管理的一部分。要想成功地管理自己的事业，个人应该懂得管理自己的职业，了解自己的目标，了解公司的目标，了解自己的目标是否现实①。受访者提到女性要制订自己的职业规划，在擅长的领域从事擅长的事情，能够保证自身的竞争优势，体现职场竞争力。要保持行业发展前瞻力，观察信息的风口，在工作中永葆提升自己工作能力和动力，持续不断学习，以更新迭代个人的知识储备。有受访者认为选择教师、公务员等岗位的女性，因为假期多，工作稳定压力小，可以兼顾家庭，职场竞争力更强，更加容易获得成就感和幸福感。

资源背景，是影响女性个人职场竞争力的客观背景及可利用的资源，如教育程度、经验、社交圈和资质证书等。受教育水平越高，职场竞争力越强。经验同样与职场竞争力正相关。有女性受访者认为要搭建好的朋友圈，和比自己优秀的人在一起，学习他们的优点，设置角色楷模(role model)，获取让自己成熟的力量，让自己更加优秀。拥有强大的社交圈，可以获得更多的支持和资源，有助于增强女性职场竞争力。"朋友圈"优势可以帮助个体获取相应的资源、建立团队、提升技术水平和完善渠道，并能通过社会网络提高个体自身的学习能力，最终提升其业绩水平。② 全国"十佳电视节目主持人""金话筒奖"获得者敬一丹说："做什么，很重要，与谁一起做，同样重要。在职业生涯中，我很幸运地找到自己喜欢并适合的位置，同样幸运的是，我遇到了这样的同事和同行。"③

---

① L. Borbye. Career management[M].Elsevier Inc.:2008-06-15.

② 刘刚，王泽宇，程熙镕."朋友圈"优势、内群体条件与互联网创业——基于整合社会认同与嵌入理论的新视角[J].中国工业经济，2016(08)：110-126.

③ 敬一丹.我遇到你[M].武汉：长江文艺出版社，2015.

2. 家庭因素

影响女性职场竞争力的家庭因素(表 3-3),分为责任负担、家人支持、家庭背景等方面。

表 3-3 主轴编码——家庭因素

主范畴	范畴化	原始概念
家庭因素	责任负担	B5 处理夫妻关系、婆媳关系;B10 家务劳动;B24 家庭琐事;B41 平衡工作家庭;B74 子女教育,照顾父母;B18 婚姻状况;B21 家庭和睦幸福;B22 家庭教育;B31 经济状况
	家人支持	B1 伴侣支持;B23 家人体谅、理解;B25 父母亲友帮助

责任负担,是职场女性承担的家庭责任和负担,以及影响职场女性的家庭资源背景的总和。包含处理夫妻关系、婆媳关系、家务劳动、家庭琐事、平衡工作家庭、子女教育和照顾父母等方面所投入的时间精力以及婚姻状况、家庭和睦幸福、家庭教育及经济状况等家庭背景。脸书(Facebook)首席运营官给女性的建议:"让你的另一半成为你的'人生搭档',男性要和女性共同分担生活责任。"①女性的时间精力是有限的,如果家庭责任负担太重,在职业发展方面就会因为不能投入充足的时间精力而降低自身职场竞争力。关于家庭背景,有受访者家庭条件好的,会考虑性价比和幸福感,缺少成就动机。也有受访者认为家庭条件好的女性,可以专注于个人喜好选择职业,更容易在专业领域有所建树,不必因为经济原因而委曲求全,在不擅长的领域荒废青春。而家庭背景弱的女性,会更看重获得更好的物质报酬,因为外界可依赖条件弱,所以面对事业发展更加雄心勃勃,更易产生内在事业发展动力:为了改变经济状况专注于个人事业发展,从而获取更高级别的职位、更高的收入。

家人支持,是职场女性在职业发展和家庭照顾方面获取的支持,包含有伴侣支持、家人体谅、理解和父母亲友支持等。家庭支持对女性职业发展非常重要,比如女性自身要求职业发展,而家庭却要求生孩子,会使女性陷入两难困境。家庭需要从女性需求和期望出发,提供尽可能的支持。

3. 企业因素

影响女性职场竞争力的企业因素(表 3-4),分为企业环境、领导行为两方面。

---

① 桑德伯格.向前一步[M].全新升级珍藏版.颜筝,曹定,王占华译.北京:中信出版社,2014.

表 3-4　**主轴编码——企业因素**

主范畴	范畴化	原始概念
企业因素	企业环境	B9 企业文化,多元化;B42 企业市场地位和发展;B57 同事关系;B66 福利政策,弹性工作制,幼托
	领导行为	B28 角色楷模;B36 领导风格;B40 女性领导比例;B43 企业导师

企业环境,是指企业为女性员工提供的就业条件和环境因素,包含企业文化、企业市场地位和发展、同事关系、福利政策、弹性工作制及幼托等。在文化强调多元的组织中,女性可以充分发挥团队调和,气氛营造优势,在传统的技术、制造领域会给女性就业人员带来新的就业机会,增强竞争力。组织的文化可以是积极的、支持性的、威胁性的和破坏性的。职业发展文化有助于解决生产力、竞争力、肯定行动和继任计划。它帮助员工重新定义自己的才能,以实现他们工作的全部潜力。管理者应该在创造职业发展文化中发挥关键作用,但许多人觉得他们的工作未来迷茫,把职业发展的努力当作额外的负担。由于害怕对下属产生负面影响,主管领导很少正确地进行绩效评估、反馈。而组织一个导师制度是好的方法。管理职业员工发展文化,可以给企业和个人带来惊人的回报①。企业组建女性职业发展社区,为职场女性职业目标实现助力。弹性工作制、幼托、带薪假期等,使女性在需要照顾孩子、父母的特殊时间段,平衡工作家庭,继续从事自己的工作,保证职业发展的持续性。企业的市场地位及可持续发展,为个体提供更多的发展机会,有助于个体竞争力的培养和提升。

领导行为包含角色楷模、领导风格、女性领导比例、企业导师等。男性在现今企业管理金字塔结构中把持了大部分高层管理职位,有不少企业设立"20 俱乐部",旨在将女性在高级管理层所占比提高到 20%,充分说明尽管女性被认为半边天,其高管人数占比小于 20%,多数职场女性位于金字塔塔基部位,不仅不利于女性领导与组织内其他女性建立良好的关系,而且释放出女性想要在职业爬梯最终爬到高层,就要忍受孤独、不良人际关系、不被欢迎等信号,进而使原本有潜质成为女性管理者的候选人舍弃梦想,减少高层管理者潜在女性候选人数量,进一步减少女性高层管理者可能的比例。男性善于创业,女性善于守业。女性善于风险控制,有效规避公司经营风险,有助于公司绩效提高②。企业应基于组织公平和人性化的考量,增加女性领导及候选人的比例,为女性职业发展提供新的机

① Stuart Conger. Fostering a career development culture: reflections on the roles of managers, employees and supervisors[J]. Career Development International, 2002, 7(6).

② 黄显涛.女性高管对公司绩效影响的实证研究[D].成都:西南交通大学,2014.

会。企业文化、领导风格与职场女性个体的契合，企业导师的帮助对女性职场竞争力的提高有同样的促进作用。

4. 社会因素

影响女性职场竞争力的社会因素（表 3-5），分为社会文化、社会环境两方面。

表 3-5　　主轴编码——社会因素

主范畴	范畴化	原始概念
社会因素	社会文化	B6“男主外女主内”传统观念；B49 玻璃天花板；B60 性别歧视
	社会环境	B13 国家福利、政策、补贴；B14 行业变化；B20 新技术应用和发展；B55 市场需要；B71 职业女性团体

社会文化，是指社会观念、偏见等作用于女性职场竞争力的因素的总和，包含“男主外女主内”传统观念、性别歧视、玻璃天花板等。性别平等是体现社会进步的标志，19 世纪以来，各个国家在男女平权方面取得了很大的进步，然而性别差异在职场中一直存在。女性在语言、情绪感知、文科方面较强，在人事、会计、市场等岗位有竞争力；而在空间感、数学逻辑等理工科方面要略显弱势，从业人数较少，在工程设计、制造加工等岗位竞争力弱于男性。在访谈过程中研究者发现，“男主内女主外”的社会传统观念是造成职场差异的主要因素。由于女性细腻柔和等特性，更擅长照顾家庭。家庭仍旧被当作女性职业发展的负担，多数受访者认为，已婚已育女性在换工作时，会被面试官问到如何平衡工作和家庭。而男性则很少会被问到，或者认为家庭对男性是加分项。职场女性职位级别提升，除了中级向高级的晋级，在不同职业发展阶段分别表现为组织天花板、角色天花板、心理天花板三重障碍①。“性别刻板印象”使职场女性常常陷入困境。女性高层管理者或者被认为是特例，或者被认为亲和力不够，没有女人味，不够友善，不受欢迎。没有得到晋升的女性则被认为不够主动。想要获得晋升的女性，表现出上进心，会认为爱出风头，野心太大；隐藏上进心，则被认为虚伪。

社会环境，是指国家政策、行业发展等作用于女性职场竞争力的综合环境因素，包含有国家福利、政策、补贴、行业变化、新技术应用和发展、市场需要及社会职业女性团体等。国家关于关照女性的福利政策，如带薪休假，对企业女性员工的补贴，可以有效消除劳动力市场对女性的就业歧视。行业变化、新技术的应用，

---

① 胡志鹏，闫淑敏. 女性高管成长中的三重玻璃天花板及其突破路径[J]. 中国人力资源开发，2014(07)：30-36.

如人工智能的发展，一部分从事传统劳动的女性工作岗位被取消，如高速公路收费站、金融、会计行业等，国家既要鼓励企业合理补偿，更要增加再就业引导和再就业培训。

四、女性职场竞争力概念模型构建

根据前述访谈及文献研究，初步建立女性职场竞争力概念模型(图 3-2)。

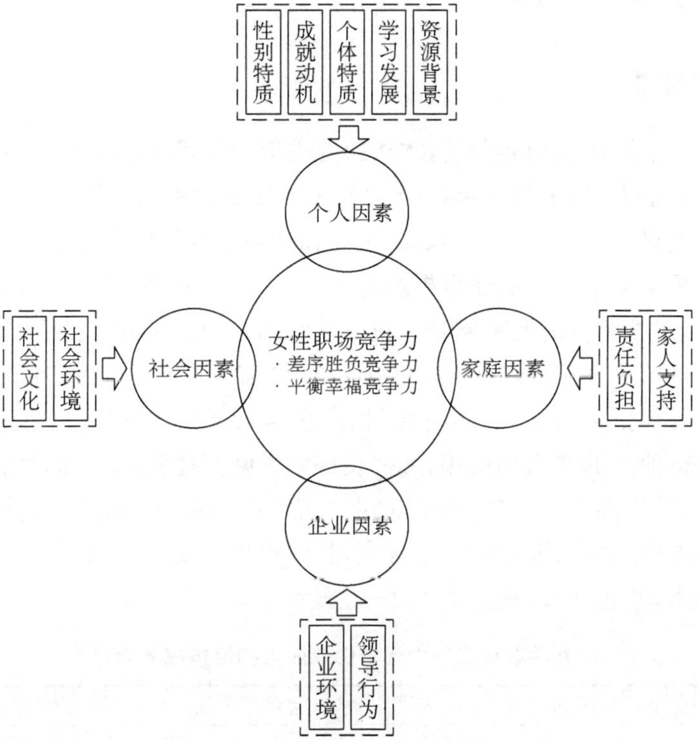

图 3-2　女性职场竞争力概念模型

第四章

研究设计

一、研究变量与设计

1. 研究变量

变量设计根据访谈内容归拢，本次研究选取职位（Y1）、收入（Y2）衡量职场女性差序胜负竞争力；以平衡幸福感（Y3）衡量职场女性平衡幸福竞争力。

通过以上对职场女性个人、家庭、企业和社会等因素的提取和整理，本研究初步完成女性职场竞争力构成要素提取过程。从汇总整理的结果来看，由于概念化的因素较多，逐项调查需要被调查者花大量时间精力，容易因此而产生疲惫，影响有效思考而降低信度，且以上各方面包含的 80 多项要素存在许多重叠。本研究对要素的重叠部分进行整合，如问题"我喜欢与人交往，我以主动、热情、诚恳、正直的表现获得他人的尊重和信赖，赢得良好的人际交往氛围"。同时测试概念"人际关系能力，社交能力"。通过参照麦克兰德（McClellend）胜任素质、头脑风暴、专家意见等方法对所得要项进一步确定，最终得出了女性职场竞争力构成要素的基本影响因素，共包括 39 项。如表 4-1 所示。

表 4-1　　女性职场竞争力问卷影响因素初始构成要素

主范畴	影响因素与编码
个人因素	格局气度（GXB1），情绪管理（GXB2），灵活性（GXB3），怀孕生育（GXB4），生育规划（GXB5），成就导向（GCJ1），专业知识技能（GGT1），时间管理（GGT2），抗压力（GGT3），积极正面（GGT4），影响能力（GGT5），主动性（GGT6），价值观（GGT7），共情力（GGT8），组织敏感性（GGT9），献身组织精神（GGT10），同事关系（GGT11），自信（GGT12），领导能力（GGT13），合作精神（GGT14），创新（GGT15），人际交往（GGT16），健康（GGT17），外形举止（GGT 18），婚育状况（GGT19），年龄（GGT20），学习能力（GXX1），职业规划（GXX2），关系资源（GZY1），学历（GZY2）
家庭因素	责任负担（JFD1），家人支持（JZC1）
企业因素	企业福利（QHJ1），企业发展（QHJ2），领导支持（QLD1），职业导师（QLD2）
社会因素	性别歧视（SWH1），传统观念（SWH2），新技术应用和发展（SHJ1）

2. 研究设计

基于开放性访谈获取的信息，构建女性职场竞争力概念模型。根据模型，设计问卷并进行问卷调查，获取职场女性实际数据，以研究概念因素之间的关系。用统计分析软件 SPSS 22 检查因素分布并验证因素之间关联关系。

二、问卷设计

本问卷由两部分组成，第一部分为评分题项，搜集主要相关因素的数据。第二部分为选择题项，搜集人口统计学特征的数据。两部分问卷问题设置时都选择第一人称“我”的视角，希望通过代入感获取调查对象的真实信息。测量题项从个人、家庭、企业和社会四方面分析了女性职场竞争力的影响因素，以职位高低，收入水平、工作和生活平衡幸福感为结果变量，通过访谈内容提炼问卷测量语句，结合麦克兰德的素质模型，运用内容分析法，整理形成最终测试题型(表 4-2)。

表 4-2　“女性职场竞争力”调查问卷编码

第一部分:评分题项						
序号	变量名称	变量标记	问题描述	数值范围	测量元素	适应人群
Q1	Y3	幸福感	我的工作和生活平衡得很好，幸福感很强	1～5	幸福感	所有
Q2	GGT1	专业知识技能	我具备和岗位匹配的专业知识和技能	1～5	B72 专业知识与技能；B32 经验；B65 资质证书	所有
Q3	GGT2	时间管理	我总是提前把要做的事情安排好优先次序，有效分配时间，高效完成	1～5	B54 时间管理；B67 执行力；B79 计划决策能力	所有
Q4	GXB1	格局气度	我处事大度，很少为工作和生活中的细节、小事而烦恼	1～5	B80 心胸开阔；B2 宽容，忍耐	所有
Q5	GGT3	抗压力	面对挫折或困难，我能够直面压力，理智地认识问题，科学合理地思考	1～5	B34 抗压力；B45 感性，缺乏理性思维	所有
Q6	GXB2	情绪管理	我很少情绪化，即使面对批评，我也能够很快调整好情绪，寻求解决方案而不是纠结谁对谁错	1～5	B46 情绪管理；B64 战略思考能力；B30 解决问题的能力	所有

（续表）

序号	变量名称	变量标记	问题描述	数值范围	测量元素	适应人群
Q7	GCJ1	成就导向	我以工作业绩突出为导向，愿意给自己设定挑战性目标，并努力实现	1～5	B76 自我实现的满足感，成就导向；B12 个人努力	所有
Q8	GGT4	积极正面	我习惯鼓励他人，给出正面反馈，并指导他如何做	1～5	B83 正念力；B44 亲和力	所有
Q9	GXB3	灵活性	我能够适应不同环境、和不同个性的人打交道，并有效工作	1～5	B35 灵活；B56 适应变化	所有
Q10	GGT5	影响能力	我能够说服领导或下属赞成并支持我的观点	1～5	B48 善于沟通，善用非权利型影响力	所有
Q11	GGT6	主动性	我总能发现新的机会或潜在困难，并主动采取行动	1～5	B19 主动性；B8 聪明有智慧	所有
Q12	GGT7	价值观	我对工作环境态度坦诚，总能依照自己的价值观行事	1～5	B52 价值观	所有
Q13	GGT8	共情力	我能够很快理解他人的想法、感觉和关注点	1～5	B81 洞察力；B82 共情力	所有
Q14	GGT9	组织敏感性	我可以分辨出组织中谁是决策者，谁有影响力	1～5	B78 社会敏感性；B38 敏锐的直觉，洞察力	所有
Q15	GGT 10	献身组织精神	我支持公司策略，并愿意为公司牺牲个人利益	1～5	B33 献身组织精神；B63 责任感；B61 跨区域工作意愿	所有
Q16	GGT 11	同事关系	我和周围同事关系融洽，并且愿意在工作场合之外建立联系	1～5	B57 同事关系	所有
Q17	GGT 12	自信	我能够独立完成任务，愿意选择富有挑战性的工作	1～5	B77 自信，自律	所有
Q18	GGT 13	领导能力	我能够激励团队，凝聚团队成员，有效安排团队工作，带领团队实现业务目标	1～5	B37 领导力	所有
Q19	GGT 14	合作精神	我愿意与他人合作，遇到问题向他人请教，共同解决问题，分享成功	1～5	B16 团队合作精神	所有
Q20	GGT 15	创新	我不局限于以往的经验，不断改进工作和学习方法，以适应新观念、新形势发展的要求	1～5	B7 创新设计能力	所有

（续表）

序号	变量名称	变量标记	问题描述	数值范围	测量元素	适应人群
Q21	GXX1	学习能力	我通过自己或他人经验教训，增加学识，提高技能，获得利于未来发展的能力	1～5	B3 成长意愿；B4 持续学习	所有
Q22	GGT16	人际交往	我喜欢与人交往，我以主动、热情、诚恳和正直的表现获得他人的尊重和信赖，赢得良好的人际交往氛围	1～5	B50 社交能力；B47 人际关系处理能力	所有
Q23	GGT17	健康	我身体健康、精力充沛，熬夜加班轻松应对	1～5	B27 健康力	所有
Q24	GXX2	职业规划	我结合自身的优势和职业目标，选择适合自己的岗位、职业	1～5	B70 职业规划；B75 自我认知	所有
Q25	GZY1	资源背景	我的职业发展得益于良好的家庭背景和社会关系	1～5	B51 社交圈；B22 家庭教育；B21 家庭和睦幸福；B31 经济状况	所有
Q26	GGT18	外形举止	良好的外在形象，得体的言行举止，对我的职业发展很重要	1～5	B59 形象气质	所有
Q27	GXB5	生育规划	我会（曾）因为工作需要而延缓生育或不生育	1～5	B53 生育规划	所有
Q28	JFD1	责任负担	我需要花大量时间照顾父母子女，处理家庭事务	1～5	B5 处理夫妻关系、婆媳关系；B10 家务劳动；B24 家庭琐事；B41 平衡工作家庭；B74 子女教育，照顾父母	所有
Q29	GXB4	怀孕生育	怀孕生育给我的职业发展产生了负面影响（未育女性可不选）	1～5	B17 怀孕生育	已育
Q30	JZC1	家人支持	家人（父母、伴侣等）给予我充分地理解和支持，使我有更多精力投入工作	1～5	B1 伴侣支持；B23 家人体谅、理解；B25 父母亲友支持	所有
Q31	QHJ1	企业福利	我所在单位有较好的福利（弹性工作制，带薪年假，幼托等）使我可以很好地兼顾家庭	1～5	B66 弹性工作制，幼托；B13 福利、政策、补贴	所有
Q32	QLD1	领导行为	我的所在的组织和领导针对我的个人发展，提供了建设性的意见和必要的支持	1～5	B9 企业文化，多元化；B28 角色楷模；B36 领导风格；B40 女性领导比例	所有

（续表）

<table>
<tr><th>序号</th><th>变量名称</th><th>变量标记</th><th colspan="3">问题描述</th><th>数值范围</th><th>测量元素</th><th>适应人群</th></tr>
<tr><td>Q33</td><td>QHJ2</td><td>企业发展</td><td colspan="3">我所在的企业过去 5 年发展良好，在同行业内处于领先地位，为我赢得更多的职业机会</td><td>1～5</td><td>B42 企业市场地位和发展</td><td>所有</td></tr>
<tr><td>Q34</td><td>SWH1</td><td>性别歧视</td><td colspan="3">我以往的工作中，没有经历过任何针对女性的性别偏见或发展障碍</td><td>5～1</td><td>B49 玻璃天花板；B60 性别歧视</td><td>所有</td></tr>
<tr><td>Q35</td><td>SWH2</td><td>传统观念</td><td colspan="3">我认为“男主外女主内”的观点过时了，夫妻双方权利和义务平等，家庭分工也是</td><td>5～1</td><td>B6“男主外女主内”传统观念</td><td>所有</td></tr>
<tr><td>Q36</td><td>QLD2</td><td>职业导师</td><td colspan="3">我得到过职业女性发展团体、职业导师的支持和帮助</td><td>1～5</td><td>B43 企业导师；B71 职业女性团体</td><td>所有</td></tr>
<tr><td>Q37</td><td>SHJ1</td><td>新技术应用和发展</td><td colspan="3">新技术的应用，给我所在的行业和工作创造了更多机会</td><td>1～5</td><td>B14 行业变化；B20 新技术应用和发展；B55 市场需要</td><td>所有</td></tr>
<tr><td colspan="9">第二部分：选择题项</td></tr>
<tr><th>序号</th><th>变量名称</th><th>变量标记</th><th colspan="3">问题描述</th><th>水平数值标记</th><th>测量元素</th><th>适应人群</th></tr>
<tr><td>Q38</td><td>/</td><td>地区</td><td>我工作的城市</td><td colspan="2">（选择项包含中国所有城市供被试者选择）</td><td></td><td>统计样本分布情况</td><td>所有</td></tr>
<tr><td rowspan="6">Q39</td><td rowspan="6">GGT19</td><td rowspan="6">婚育状况</td><td rowspan="6">我的婚育状况</td><td colspan="2">未婚</td><td>1</td><td rowspan="6">B18 婚姻状况</td><td rowspan="6">所有</td></tr>
<tr><td colspan="2">已婚未育</td><td>2</td></tr>
<tr><td rowspan="4">已婚已育几个孩子</td><td>1 个</td><td>3</td></tr>
<tr><td>2 个</td><td>4</td></tr>
<tr><td>3 个</td><td>5</td></tr>
<tr><td>4 个以上</td><td>6</td></tr>
<tr><td rowspan="5">Q40</td><td rowspan="5">GGT20</td><td rowspan="5">年龄</td><td rowspan="5">我的年龄</td><td colspan="2">16～24 周岁</td><td>1</td><td rowspan="5">B39 年龄</td><td rowspan="5">所有</td></tr>
<tr><td colspan="2">25～34 周岁</td><td>2</td></tr>
<tr><td colspan="2">35～45 周岁</td><td>3</td></tr>
<tr><td colspan="2">46～55 周岁</td><td>4</td></tr>
<tr><td colspan="2">55 周岁以上</td><td>5</td></tr>
</table>

（续表）

序号	变量名称	变量标记	问题描述		数值范围	测量元素	适应人群
Q41	/	单位性质	我的工作单位属于	政府机关	1	B15 行业选择	所有
				事业单位	2		
				国有企业	3		
				外资企业	4		
				私营企业	5		
Q42	Y1	职位高低	我的职位级别	普通员工或助理职称	1	职位级别	所有
				初级管理人员(如：主管)或初级职称	2		
				中级管理人员(如：经理)或中级职称	3		
				高级管理人员(如：总监)或副高级职称	4		
				顶级管理人员(如：总经理，总裁，董事会主席)或正高级职称	5		
Q43	GZY2	学历	我的最高学历	高中及以下	1	B29 教育程度	所有
				专科	2		
				本科	3		
				硕士	4		
				博士及以上	5		
Q44	Y2	收入	辛苦一年赚了	10 万元以下	1	变量 2：收入	所有
				10 万～25 万元	2		
				25 万～50 万元	3		
				50 万～100 万元	4		
				100 万元以上	5		

（续表）

<table>
<tr><th>序号</th><th>变量名称</th><th>变量标记</th><th colspan="2">问题描述</th><th>数值范围</th><th>测量元素</th><th>适应人群</th></tr>
<tr><td rowspan="7">Q45</td><td rowspan="7">/</td><td rowspan="7">成就动机</td><td rowspan="7">我更看中工作带来的(可多选)</td><td>高收入</td><td>/</td><td rowspan="7">B11 高收入；B26 兼顾家庭又保持经济独立；B58 稳定性；B68 职位提升，赢得支持和尊重；B69 职业安全感；B73 追求权力，不被他人控制；B76 自我实现的满足感，成就导向；B62 争取成功，希望做到最好</td><td rowspan="7">所有</td></tr>
<tr><td>更大的权力、影响力的高职位</td><td>/</td></tr>
<tr><td>兼顾家庭又保持经济独立</td><td>/</td></tr>
<tr><td>职业安全感</td><td>/</td></tr>
<tr><td>赢得他人的支持和尊重</td><td>/</td></tr>
<tr><td>为社会创造价值</td><td>/</td></tr>
<tr><td>其他____</td><td>/</td></tr>
</table>

表 4-3　　变量名称编号说明

主范畴	个人因素(G)					家庭因素(J)		企业因素(Q)		社会因素(S)	
范畴化	性别特质	成就动机	个体特质	学习发展	资源背景	责任负担	家人支持	企业环境	领导行为	社会文化	社会环境
变量缩写	GXB	GCJ	GGT	GXX	GZY	JFD	JZC	QHJ	QLD	SWH	SHJ

第一部分评分题项，主要采用李克特量表(Likert scale)五级量表进行评分项问卷设计。美国社会心理学家李克特 1932 年首先提出李克特量表概念，也称“总加量表”，是心理测验领域和社会调查最常使用的一种态度量表形式①。李克特量表由研究者预先设定的一系列陈述或者问题构成，搜集测量被试者对于相关主题的看法、观点、态度及评价等。实际应用中广泛采用 5 级量表形式，被调查者根据提示，对量表涉及题项所列的每一题目判断自己相应积极程度等级的五种答案，从“完全不同意”“部分不同意”“不确定”“部分同意”“完全同意”逐级增强，几颗星(1～5)代表对应答案几分。

本研究基于前期建立的女性职场竞争力影响因素模型，从四个方面测量女性职场竞争力影响因素，经过子要素反复斟酌、融合。个人因素方面，从性别特质、成就动机、个体特质、学习发展和资源背景等方面探索影响女性职场竞争力的个人因素，设计 29 道测试题目。家庭因素方面，从家庭背景、责任负担、家庭

① 亓莱滨.李克特量表的统计学分析与模糊综合评判[J].山东科学，2006(02)：18-23，28.

支持方面设计 2 道测试题目。企业因素方面，从企业福利、领导行为、企业发展方面设计 3 道测试题目。社会因素方面，从社会文化、社会环境方面设计 3 道测试题目。问题次序编排时，为避免答题者相似因素答案相互影响，刻意打乱次序。为方便统计分析使用，增加统计结果分析子项目辨识度，研究过程以 11 项子范畴缩写为前缀，对研究变量进行编码，详见表 4-3 变量名称编号说明。

第二部分为选择题项，基于人口统计学特征搜集个人信息。其中，“我工作的城市”用来统计样本的分布状况。“我的年龄”，考虑到法定工作年龄、教育、生育、退休以及返聘等对女性劳动力参与的影响①，结合在目前我国部分企业招聘时，将候选人年龄限制定在 45 岁，个别基层岗位定在 35 岁以上，从而无形之中放弃资历、经验都匹配的优秀人才的奇怪现象②，将年龄选项分为五组，分别是 16～24 周岁、25～34 周岁、35～45 周岁、46～55 周岁和 55 周岁以上。“我的婚育状况”，考虑结婚、生育等影响，将选项划分为未婚、已婚未育、已婚已育，同时对选择“已婚已育”的群体增加了“几个孩子”的选项（1、2、3 和 4 个以上）。“我的单位性质”分为政府机关、事业单位、国有企业、外资企业和私营企业。“我的职位级别”为变量 Y1，分为普通员工或初级职称、初级管理人员（如：主管）或中级职称、中级管理人员（如：经理）或高级职称、高级管理人员（如：总监）或技师、顶级管理人员（如：总经理）或高级技师。“我的最高学历”分为高中及以下、大专、本科、硕士、博士及以上。“辛苦一年赚了”为变量 Y2 收入，基于研究小组对职场女性收入的了解与讨论，参考我国收入阶层划分低工薪阶层家庭年收入 6 万元，上工薪家庭年收入 10 万元，中产家庭年收入 25 万元，上中产家庭年收入 50 万元，富裕家庭年收入 100 万元的特点，本次研究收入统计阶梯划分为年收入 10 万元以下、10 万～25 万元、25 万～50 万元、50 万～100 万元、100 万元以上。“我要照顾的人”为照顾自己、照顾另一半、抚养孩子、赡养老人。“我更看中工作带来的”分为高收入、更大的权力和影响力的高职位、兼顾家庭又保持经济独立、职业安全感、自我实现的满足感、成就感，赢得他人的支持和尊重、为社会创造价值及其他。

三、样本选取

本研究以职场女性为调研对象。在选择调研对象时，主要从以下两个方面考虑：①样本均为女性在职员工；②工作经验为一年以上。将被访者限定在在职女

① 陆利丽.中国城镇已婚女性劳动力供给及其收入分配效应研究[D].杭州：浙江大学，2014.

② 孙劲悦.关于就业年龄歧视原因的调查分析 J.财经问题研究，2004(04)：81-85.

性，能准确掌握职场女性的一手现状，对于工作经验的限定使女性能结合实际工作经验和现实工作的思考清晰地反馈，以保证调研结果的适用性和可信性。

通过微信发放问卷。为了采集广泛的调研样本，发放对象包括研究者所在单位的女性同事，同济大学 MBA 女性学员，研究者女性朋友，研究者朋友的女性朋友等。其中研究者所在单位为某世界五百强跨国制造企业 B 公司，在全球多个国家设立分部。在我国多座城市地域有多家分公司，长三角区域包括上海、苏州、无锡、常州、南京和杭州；华北区域包括北京、西安；南部包括深圳、珠海、东莞等。地域分布广泛，具备充实可靠的实测数据，取样可行。

第五章

数据分析

一、基本信息

1. 调研对象分布

2018 年 4 月至 5 月期间，总计发放问卷 350 份，由于借助于同学、同事和朋友的关系发放，有效保证了问卷的回收数量和填写质量。本次调研收回有效问卷 314 份，回收率为 89.7%。

参与本次调研的 314 名职场女性分别来自全国 16 个省及 4 个直辖市。其中，江苏 154 名，上海 89 名，北京、河南各 15 名，广东、山东各 7 名，浙江 5 名，河北、陕西各 4 名，黑龙江、辽宁、四川各 2 名，安徽、福建、湖北、湖南、吉林、山西、天津、重庆各 1 名(图 5-1)。

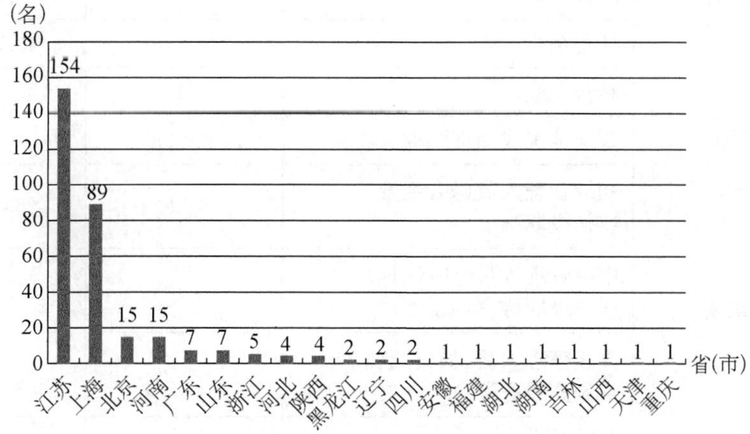

图 5-1 调研对象地区分布

2. 调研对象基本信息

本次调研对象基本信息如表 5-1 所示。

表 5-1 **调查对象基本信息**

<table>
<tr><th>统计量</th><th colspan="2">项目</th><th>数量</th><th>占比</th></tr>
<tr><td rowspan="2">婚育状况</td><td colspan="2">未婚</td><td>51</td><td>16.24%</td></tr>
<tr><td colspan="2">已婚,未育</td><td>40</td><td>12.74%</td></tr>
<tr><td rowspan="5">婚育状况</td><td colspan="2">已婚已育</td><td>223</td><td>71.02%</td></tr>
<tr><td rowspan="4">已婚已育组成</td><td>1 个孩子</td><td>181</td><td>81.17%</td></tr>
<tr><td>2 个孩子</td><td>41</td><td>18.30%</td></tr>
<tr><td>3 个孩子</td><td>1</td><td>0.45%</td></tr>
<tr><td>4 个以上孩子</td><td>0</td><td>0</td></tr>
<tr><td rowspan="5">年龄</td><td colspan="2">16～24 周岁</td><td>6</td><td>1.91%</td></tr>
<tr><td colspan="2">25～34 周岁</td><td>142</td><td>45.22%</td></tr>
<tr><td colspan="2">35～45 周岁</td><td>150</td><td>47.77%</td></tr>
<tr><td colspan="2">46～55 周岁</td><td>16</td><td>5.10%</td></tr>
<tr><td colspan="2">55 周岁以上</td><td>0</td><td>0%</td></tr>
<tr><td rowspan="5">工作单位性质</td><td colspan="2">政府机关</td><td>1</td><td>0.32%</td></tr>
<tr><td colspan="2">事业单位</td><td>35</td><td>11.15%</td></tr>
<tr><td colspan="2">国有企业</td><td>27</td><td>8.60%</td></tr>
<tr><td colspan="2">外资企业</td><td>136</td><td>43.31%</td></tr>
<tr><td colspan="2">私营企业</td><td>115</td><td>36.62%</td></tr>
<tr><td rowspan="5">职位级别</td><td colspan="2">普通员工或助理职称</td><td>98</td><td>31.21%</td></tr>
<tr><td colspan="2">初级管理人员(如:主管)或初级职称</td><td>83</td><td>26.43%</td></tr>
<tr><td colspan="2">中级管理人员(如:经理)或中级职称</td><td>105</td><td>33.44%</td></tr>
<tr><td colspan="2">高级管理人员(如:总监)或副高级职称</td><td>26</td><td>8.28%</td></tr>
<tr><td colspan="2">顶级管理人员(如:总经理,总裁,董事会主席)或正高级职称</td><td>2</td><td>0.64%</td></tr>
<tr><td rowspan="3">最高学历</td><td colspan="2">高中及以下</td><td>13</td><td>4.14%</td></tr>
<tr><td colspan="2">专科</td><td>43</td><td>13.69%</td></tr>
<tr><td colspan="2">本科</td><td>172</td><td>54.78%</td></tr>
</table>

（续表）

统计量	项目	数量	占比
最高学历	硕士	82	26.11%
	博士及以上	4	1.27%
年收入	10万元以下	96	30.57%
	10万～25万元	142	45.22%
	25万～50万元	67	21.34%
	50万～100万元	7	2.23%
	100万元以上	2	0.64%

从婚育状况来看，调研对象中已婚已育职场女性占多数，人数有223名，占比71%，其中，81.17%有1个孩子，18%有2个孩子，有3个孩子的女性1名。具备了这些充足的样本，由此了解生育对职场女性竞争力的影响。

年龄层次来看，25～45周岁为主，该年龄段也是构成职场劳动力群体的主要部分。其中，25～34周岁人数为142名，占比45.22%；35～45周岁占比最大，人数为150名，占比47.77%。

职位级别分布普通员工、初级管理人员、中级管理人员居多，高层管理者及顶级管理者逐渐减少，与市场实际状况较为贴合。

学历以本科为主，占比54.78%；硕士群体占比为26.11%，仅次于本科人数。较高的文化程度，有助于减少因为文字理解产生的数据结果偏差。

图5-2为调研对象的工作动机。从中可以看出，81.85%的受访者选择“兼顾

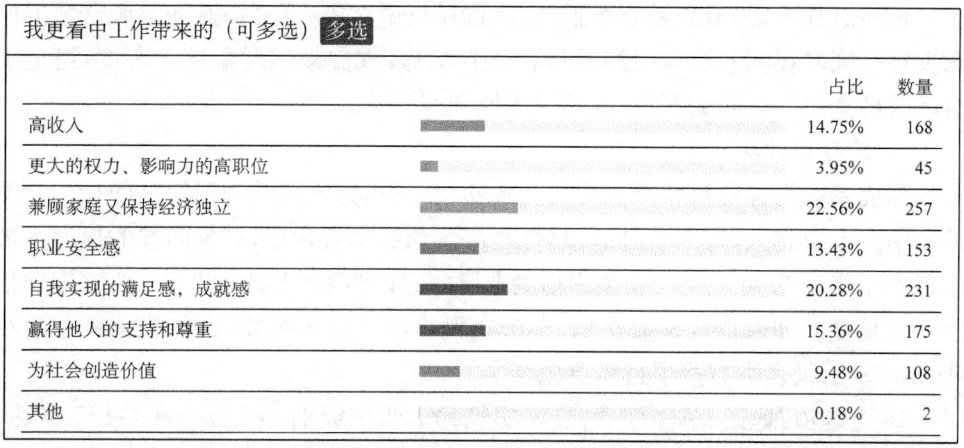

图5-2　调查对象工作动机统计

家庭又保持经济独立”，73.57%的受访者选择“自我实现的满足感，成就感”，55.73%的受访者选择“赢得他人的支持和尊重”，53.50%的受访者选择“高收入”，48.73%的受访者选择“职业安全感”，34.39%的受访者选择“为社会创造价值”，14.33%的受访者选择“更大的权利、影响力的高职位”。本次调研结果符合研究假设，平衡工作家庭、自我实现、经济独立是现代职场女性展示自我价值、追求丰盈人生的体现，因此，平衡幸福竞争力是女性职场竞争力的重要组成部分。

二、问卷的信度效度分析

1. 信度分析

信度是评价调研数据可靠程度的重要指标。信度反映的是所搜集调研数据的客观性，要检验收集的数据能够反映客观现象，而不是随意填报。本问卷设计阶段，为了保证调研数据的有效设计指标，避免因调研信度不足而导致的研究结论偏差，采用“逐步修正法”和“德尔菲法”对调研指标系统进行完善。

1）逐步修正法

在调研指标初步设立完成时，先后邀请了20名调研对象填写问卷，通过观察他们的填写体验和沟通反馈，优化文字描述，去除模糊的、不准确的、容易引起理解错误、有歧义的和不全面的表达，修正调研指标体系，确保问卷易于理解。

2）德尔菲法

对于已经设计完成的调研指标体系，邀请专家把关、指正，借助于专业的建议指导，进一步修正调研指标，从而保证其科学性。

调研过程中，为避免随意填报，谨慎选择被试对象，反复沟通强调调研数据的重要性。同时在问卷卷首提醒参与者认真填写，敦促被试对象端正态度，避免随意填写数据，持续强调调研数据的严谨性和客观性。

3）信度系数法

信度系数指标是反映测量题目一致性、测量指标内部结构稳定型的指标。测验的信度系数越大，其一致性、可靠性越高。依据学者观点，如果问卷的信度系数指标大于等于0.9，表明问卷量表信度非常好；如果信度系数达0.8～0.9，表明信度可以接受。如果信度系数在0.7～0.8，则有些项目需要修订；如果信度系数小于0.7，表示量表中有些项目需要抛弃。

45个题项，地区、单位性质、成就动机、Y1职位级别、Y2收入、GGT17健康、GGT19婚育状况、GGT20年龄、GZY2学历等人口学变量不做回归。

运用 SPSS22 对本次问卷信度进行分析，查看 SPSS 的分析结果，可靠性统计资料的 Cronbach 的 Alpha 系数，本例的结果为 0.908（表 5-2），表明项目选择合适，具有较高的内部一致性。

表 5-2　可靠性统计资料

Cronbach 的 Alpha	基于标准化项目的 Cronbach 的 Alpha	项目个数
0.908	0.920	36

2. 效度分析

效度也叫有效性，指的是测量手段或工具能够准确测出所需测量主题的程度。效度指问卷测量性质准确性和测量结果准确性的评价。效度是评价调查项目最终效益和价值的重要指标。研究效度是否达到较高水平，首先体现在测量指标的质量，包括测量指标的覆盖度和区分度，即结构效度；其次体现在测量数据的信度，包括指调查对象选择，调查对象的态度严谨性。信度是效度的必要条件。

问卷设计完成后，为了保证调查对象充分理解问卷内涵，研究者对研究指标语义描述反复修改推敲，尽量做到简洁、通俗、清晰、易懂，避免问卷填写对象理解偏差。问卷发放前，邀请部分受访者进行讨论，结合受访者的意见建议，优化问卷结构、措辞，保证问卷表面效度符合要求。

本研究采用 Bartlett 球形检定和抽样适合性检定（Kaiser-Meyer-Olkin，KMO），检查问卷指标体系的覆盖度和科学性。KMO 的值在 0.9 以上，表明问卷效度非常好；在 0.8～0.9，表明问卷效度较好；在 0.7～0.8，表明问卷效度好；在 0.6～0.7，表明问卷效度一般；在 0.5～0.6，表明问卷效度差；在 0.45 以下，表明问卷非常差。根据 SPSS22 分析结果，本问卷 KMO 值为 0.916（表 5-3），表明问卷有非常好的结构效度。

表 5-3　KMO 与 Bartlett 检定

Kaiser-Meyer-Olkin 测量取样适当性		0.916
Bartlett 的球形检定	大约卡方	4 331.540
	df	630
	显著性	0.000

三、描述性统计

表 5-4 为调查样本描述性统计资料。

表 5-4　　描述性统计资料汇总

主范畴	范畴化	子因素				
个人因素	性别特质 GXB	GXB1 格局气度（3.6051，1.02217）	GXB2 情绪管理（3.5764，0.97027）	GXB3 灵活性（4.0573，0.85529）	GXB4 怀孕生育（2.6802，1.42243）	GXB5 生育规划（2.4841，1.37344）
个人因素	成就动机 GCJ	GCJ1 成就导向（3.8981，0.95379）				
个人因素	个体特质 GGT	GGT1 专业知识技能（4.1401，0.89699）	GGT2 时间管理（4.0573，0.90255）	GGT3 抗压力（3.8376，0.91964）	GGT4 积极正面（4.1688，0.8231）	GGT5 影响能力（3.6115，0.87675）
个人因素	个体特质 GGT	GGT6 主动性（3.6529，0.94101）	GGT7 价值观（4.1879，0.83439）	GGT8 共情力（4.1879，0.83821）	GGT9 组织敏感性（4.3185，0.77943）	GGT10 献身组织精神（3.5414，1.13605）
个人因素	个体特质 GGT	GGT11 同事关系（4.1752，0.8745）	GGT12 自信（4.2102，0.79962）	GGT13 领导能力（3.8248，0.93455）	GGT14 合作精神（4.414，0.68805）	GGT15 创新（4.1433，0.82406）
个人因素	个体特质 GGT	GGT16 人际交往（4.2229，0.82763）	GGT17 健康（3.2834，1.07806）	GGT18 外形举止（4.1306，0.92126）	GGT19 婚育状况（2.6847，0.90752）	GGT20 年龄（2.5605，0.62266）
个人因素	学习发展 GXX	GXX1 学习能力（4.2357，0.7425）	GXX2 职业规划（3.8758，0.90817）			
个人因素	资源背景 GZY	GZY1 关系资源（3.2611，1.14811）	GZY2 学历（3.0669，0.78239）			
家庭因素	责任负担 JFD	JFD1 责任负担（2.8153，1.1351）				
家庭因素	家人支持 JZC	JZC1 家人支持（4.1529，0.91955）				

（续表）

主范畴	范畴化	子因素				
企业因素	企业环境 QHJ	QHJ1 企业福利(2.9236，1.27418)	QHJ2 企业发展(3.5096，1.17001)			
	领导行为 QLD	QLD1 领导支持(3.3376，1.14481)	QLD2 职业导师(2.535，1.32573)			
社会因素	社会文化 SWH	SWH1 性别歧视(2.4841，1.2181)	SWH2 传统观念(1.5701，0.87009)			
	社会环境 SHJ	SHJ1 新技术应用和发展(3.6051，1.16804)				
Y1 职位级别		(2.2070，0.99767)	NA			
Y2 收入		(1.9713，0.81664)				
Y3 幸福感		(3.6815，0.99544)				

本次调研样本在差序胜负竞争力变量“Y1 职位级别”平均数为 2.2070，群体职位级别介于“初级管理人员（如：主管）或初级职称”和“中级管理人员（如：经理）或中级职称”之间，标准差接近于 1，个体差异较大。“Y2 收入”平均数为 1.9713，说明群体收入介于10 万～25 万元，标准差 0.81664，个体差异较大。

平衡幸福竞争力变量“Y3 幸福感”，女性职场群体平均得分 3.6815，标准差接近于 1，存在个体差异。说明群体幸福感介于“不确定”与“部分同意”之间，还需要进一步提高。

个人因素方面，性别特质各子因素中，GXB3 灵活性（4.0573，0.85529）得分最高，介于“部分同意”与“完全同意”间；而 GXB4 怀孕生育（2.6802，1.42243），GXB5 生育规划（2.4841，1.37344）平均分均低于 3 分，介于“部分不同意”与“不确定”间，标准偏差大于 1，说明目前女性群体对于问题项“怀孕生育给我的职业发展产生了负面影响”和“我会（曾）因为工作需要而延缓生育或不生育”的态度介于“部分不同意”与“不确定”之间，这一结果与访谈获得多数观点存在差异。而标准差大于 1，表示个体看法存在大的差异，与访谈结果一致。而 GXB1 格局气度、GXB2 情绪管理平均分高于 3 分，总体态度介于“不确定”和“部分同意”。

成就动机问题“我以工作业绩突出为导向，愿意给自己设定挑战性目标，并努力实现”平均得分 3.8981，表明总体态度介于“不确定”和“部分同意”之间，接近部分同意。

个体特质子因素中，多数因素统计结果平均分高于 4 分，群体态度介于“部分同意”与“完全同意”之间，如 GGT14 合作精神、GGT9 组织敏感性得分最高且个体差异很小，介于“部分同意”与“完全同意”，与访谈对象多次提到的女性独有的包容、敏感使她们在合作、洞察力等具有竞争优势吻合。GGT16 人际交往、GGT12 自信、GGT8 共情力、GGT7 价值观、GGT11 同事关系、GGT4 积极正面、JZC1 家人支持、GGT15 创新、GGT1 专业知识技能、GGT18 外形举止、GGT2 时间管理和 GXB3 灵活性等特征，平均分均超过 4 分，介于“部分同意”与“完全同意”之间，标准偏差均小于 1，个体差异不大。两个人口统计学变量 GGT19 婚育状况、GGT20 年龄平均值小于 3，仅表明本次调研样本的均值接近已婚已育 1 孩，35～45 周岁。

学习发展子因素中，GXX1 学习能力(4.2357, 0.7425)介于“部分同意”与“完全同意”之间，且个体差异较小，说明职场女性群体学习能力普遍较高。GXX2 职业规划(3.8758, 0.90817)介于“不确定”和“部分同意”之间，说明职场女性职业规划方面仍有待加强。

资源背景子因素中，GZY1 关系资源(3.2611, 1.14811)、GZY2 学历(3.0669, 0.78239)，介于“不确定”和“部分同意”之间，说明职场女性对于资源背景对职场竞争力的影响并未完全同意，且在资源背景的影响存在较大的个体差异，在学历的影响上差异较小。

家庭因素方面，JFD1 责任负担(2.8153, 1.1351)、JZC1 家人支持(4.1529, 0.91955)说明职场女性总体接近于部分同意责任负担对职场竞争力的影响，而在“家人(父母、伴侣等)给予我充分地理解和支持，使我有更多精力投入工作”上，总体上家人给予了支持但尚未达到充分理解支持的水平。

企业因素方面，QHJ1 企业福利(2.9236, 1.27418)、QLD2 职业导师(2.535, 1.32573)均低于 3 分，未达到“不确定”水平，说明职场女性群体企业就业环境、职业导师帮助方面需要很大提高，同时个体之间差异较大。QHJ2 企业发展(3.5096, 1.17001)、QLD1 领导支持(3.3376, 1.14481)均未达到“部分同意”水平，需要继续提高。总体来讲，职场女性总体企业因素需要更多支持和改善。

社会因素方面，SWH1 性别歧视(2.4841, 1.2181)、SWH2 传统观念(1.5701, 0.87009)问题设计用反向法，隐私统计时采用反向计分。两项均低于 3 分，说明社会文化尤其是传统观念上对于女性职场竞争力影响较小，说明随着社会进步，女性群体普遍接受男女平权的观点，但也并未完全消失，且在性别歧视方面个体感受差异较大。SHJ1 新技术应用和发展（3.6051，1.16804），说明新技术应用和发展为女性带来更多就业机会的问题，介于“不确定”和“部分同意”之间，且个体差异较大，这与个人所处企业、行业有关的逻辑一致。

四、相关性分析

本研究使用 K.Pearson 积差相关（Product-moment correlation）检验，判断变量之间、变量与影响因素之间的相关关系。判断两个变量的相关是否达到显著，需要结合积差相关系数绝对值的大小以及显著性检验的概率值 p 来判定。如果 $p>0.05$，则表示两个变量间的相关未达显著，即两个变量没有呈显著的正相关或负相关；显著性 $p<0.05$，表示两个变量的积差相关达到显著。相关系数 $r<0.4$ 表示关联程度为低度相关；$0.4\leqslant r\leqslant 0.7$ 表示关联程度为中度相关；$r>0.7$ 表示高度相关①。

通过表 5-5 三个变量间相关性分析，差序胜负竞争力两个变量 Y1 职位级别和 Y2 收入相关系数为 0.556**，p 的数值 $=0.000$，小于 0.05，为中度正相关。Y3 幸福感与 Y1 职位级别、Y2 收入相关性未达到显著性水平，不存在显著的相关关系，证明差序胜负竞争力与平衡幸福竞争力两个独立概念成立。

表 5-5　　　　三个变量间相关性

		Y1 职位级别	Y2 收入	Y3 幸福感
Y1 职位级别	相关系数	1	0.556**	−0.001
	显著性（双尾）		0.000	0.986
	平方和及交叉乘积	311.545	141.863	−0.299
	共变异	0.995	0.453	−0.001
	N	314	314	314
Y2 收入	相关系数	0.556**	1	−0.015
	显著性（双尾）	0.000		0.789
	平方和及交叉乘积	141.863	208.742	−3.866
	共变异	0.453	0.667	−0.012
	N	314	314	314

① 吴明隆.问卷统计分析实务——SPSS 操作与应用[M].重庆：重庆大学出版社，2010.

（续表）

		Y1 职位级别	Y2 收入	Y3 幸福感
Y3 幸福感	相关系数	−0.001	−0.015	1
	显著性(双尾)	0.986	0.789	
	平方和及交叉乘积	−0.299	−3.866	310.153
	共变异	−0.001	−0.012	0.991
	N	314	314	314

**. 相关性在 0.01 层上显著(双尾)。

附录 D 为本次研究相关性分析表，表 5-6，表 5-7，表 5-8 分别是职位级别、收入、幸福感与影响因素相关性摘要。

从中可以看出：

对于变量“职位级别”而言，共有 17 项显著影响因子（图 5-3），其中，个人因素方面性别特质 1 项子因素 GXB4 怀孕生育，个体特质 12 项子因素较之其他影响因素与职位级别相关性最为显著且均为正向相关，按照相关系数从高到低依次

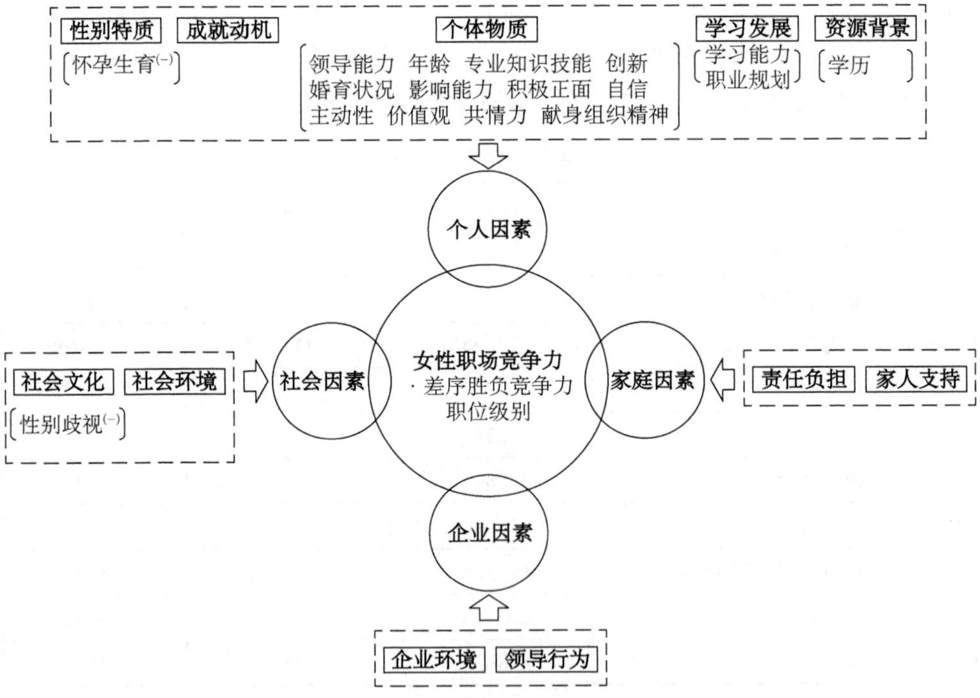

备注：(−)表示显著负相关，其余未注项目表示显著正相关。

图 5-3 职位级别显著影响因素

表 5-6　职位级别与影响因素相关性摘要

差序胜负竞争力	主范畴	范畴化	显著影响因素					非显著影响因素			
			相关系数系数区间(0.327，−0.130)					相关系数系数区间(0.106，−0.041)			
Y1 职位级别 （Y2 收入 0.556**） （Y3 幸福感 −0.001）	个人因素	性别特质 GXB					GXB4 怀孕生育 −0.139*		GXB5 生育规划 0.032	GXB1 格局气度 0.018 GXB2 情绪管理 0.015	GXB3 灵活性 0.009
		成就动机 GCJ						GGT3 抗压力 0.082			
		个体特质 GGT		GGT1 专业知识技能 0.185**	GGT5 影响能力 0.165**	GGT7 价值观 0.141*	GGT8 共情力 0.118*	GCJ1 成就导向 0.079	GGT9 组织敏感性 0.050	GGT11 同事关系 −0.019	
					GGT4 积极正面 0.164**			GGT16 人际交往 0.079			GGT17 健康 −0.007
			GGT13 领导能力 0.327**	GGT15 创新 0.181**	GGT12 自信 0.162**		GGT10 献身组织精神 0.138*	GGT2 时间管理 0.075			GGT18 外形举止 −0.005
			GGT20 年龄 0.306**	GGT19 婚育状况 0.189**	GGT6 主动性 0.162**			GGT14 合作精神 0.075			
		学习发展 GXX				GXX1 学习能力 0.141*	GXX2 职业规划 0.131*				
		资源背景 GZY					GZY2 学历 0.117*				GZY1 关系资源 0.006

（续表）

差序胜负竞争力	主范畴	范畴化	显著影响因素					非显著影响因素			
			相关系数系数区间(0.327，−0.130)					相关系数系数区间(0.106，−0.041)			
Y1 职位级别（Y2 收入 0.556^{**}）（Y3 幸福感 −0.001）	家庭因素	责任负担 JFD							JFD1 责任负担 0.054		
		家人支持 JZC								JZC1 家人支持 0.021	
	企业因素	企业环境 QHJ						QHJ2 企业发展 0.106 QHJ1 企业福利 0.085			
		领导行为 QLD							QLD1 领导支持 0.062	QLD2 职业导师−0.016	
	社会因素	社会文化 SWH					SWH1 性别歧视 -0.130^{*}		SWH2 传统观念 −0.041		
		社会环境 SHJ						SHJ1 新技术应用和发展 0.079			

表 5-7 收入与显著影响因素相关性摘要

差序胜负竞争力	主范畴	范畴化	显著影响因素					非显著影响因素			
			相关系数系数区间(0.278, 0.114)					相关系数系数区间(0.101, −0.090)			
Y2 收入 (Y1 职位级别 0.556**) (Y3 幸福感 −0.015)	个人因素	性别特质 GXB						GXB4 怀孕生育−0.090 GXB3 灵活性 0.089 GXB1 格局气度 0.082		GXB5 生育规划 −0.036	GXB2 情绪管理 0.017
		成就动机 GCJ		GCJ1 成就导向 0.173**							
		个体特质 GGT		GGT12 自信 0.190**	GGT20 年龄 0.151**	GGT10 献身组织精神 0.134*	GGT16 人际交往 0.118*	GGT1 专业知识技能 0.101	GGT3 抗压力 0.079	GGT14 合作精神 0.033	
			GGT13 领导能力 0.278**	GGT5 影响能力 0.185**	GGT7 价值观 0.149**	GGT19 婚育状况 0.134*		GGT15 创新 0.096	GGT18 外形举止 0.073		GGT17 健康 0.009
			GGT6 主动性 0.228**	GGT8 共情力 0.171**	GGT9 组织敏感性 0.145*			GGT4 积极正面 0.093	GGT2 时间管理 0.072		
										GGT11 同事关系 −0.060	
		学习发展 GXX				GXX2 职业规划 0.133*			GXX1 学习能力 0.048		
		资源背景 GZY	GZY2 学历 0.253**				GZY1 关系资源 0.114*				

（续表）

差序胜负竞争力	主范畴	范畴化	显著影响因素					非显著影响因素			
			相关系数系数区间(0.278，0.114)					相关系数系数区间(0.101，−0.090)			
Y2 收入（Y1 职位级别 0.556** ）（Y3 幸福感 −0.015）	家庭因素	责任负担 JFD						JFD1 责任负担−0.082			
		家人支持 JZC								JZC1 家人支持 0.023	
	企业因素	企业环境 QHJ				QHJ2 企业发展 0.132*		QHJ1 企业福利 0.087			
		领导行为 QLD				QLD1 领导支持 0.120*				QLD2 职业导师 −0.027	
	社会因素	社会文化 SWH							SWH1 性别歧视 −0.070	SWH2 传统观念 −0.031	
		社会环境 SHJ				SHJ1 新技术应用和发展 0.129*					

表 5-8　幸福感与影响因素相关性摘要

平衡幸福竞争力	主范畴	范畴化	显著影响因素					非显著影响因素		
			相关系数系数区间(0.438，−0.207)					相关系数系数区间(0.064，−0.118)		
Y3 幸福感 (Y1 职位级别 −0.001) (Y2 收入 −0.015)	个人因素	性别特质 GXB	GXB1 格局气度 0.438**	GXB3 灵活性 0.337**	GXB2 情绪管理 0.326**				GXB4 怀孕生育 −0.118	GXB5 生育规划 −0.022
		成就动机 GCJ				GCJ1 成就导向 0.238**				
		个体特质 GGT	GGT1 专业知识技能 0.412**	GGT2 时间管理 0.390**	GGT13 领导能力 0.294**	GGT14 合作精神 0.282**	GGT7 价值观 0.245**			GGT19 婚育状况 0.072
			GGT3 抗压力 0.404**	GGT8 共情力 0.355**	GGT6 主动性 0.291**	GGT12 自信 0.269**	GGT18 外形举止 0.244**			GGT20 年龄 0.062
			GGT5 影响能力 0.403**	GGT11 同事关系 0.307**	GGT17 健康 0.284**	GGT9 组织敏感性 0.267**	GGT16 人际交往 0.242**			
					GGT10 献身组织精神 0.283**	GGT15 创新 0.254**	GGT4 积极正面 0.206**			
		学习发展 GXX		GXX2 职业规划 0.366**			GXX1 学习能力 0.245**			
		资源背景 GZY					GZY1 关系资源 0.266**	GZY2 学历 −0.124*		

（续表）

平衡幸福竞争力	主范畴	范畴化	显著影响因素					非显著影响因素		
			相关系数系数区间(0.438，−0.207)					相关系数系数区间(0.064，−0.118)		
Y3 幸福感 （Y1 职位级别 −0.001） （Y2 收入 −0.015）	家庭因素	责任负担 JFD								JFD1 责任负担 0.064
		家人支持 JZC				JZC1 家人支持 0.266**				
	企业因素	企业环境 QHJ			QHJ2 企业发展 0.296**	QHJ1 企业福利 0.270**				
		领导行为 QLD			QLD1 领导支持 0.254**	QLD2 职业导师 0.178**				
	社会因素	社会文化 SWH			SWH1 性别歧视 −0.207**	SWH2 传统观念 −0.140*				
		社会环境 SHJ			SHJ1 新技术应用和发展 0.216**					

**. 相关性在 0.01 层上显著(双尾)。

*. 相关性在 0.05 层上显著(双尾)。

为GGT13领导能力、GGT20年龄、GGT1专业知识技能、GGT15创新、GGT19婚育状况、GGT5影响能力、GGT4积极正面、GGT12自信、GGT6主动性、GGT7价值观等。学习发展2项子因素GXX1学习能力、GXX2职业规划均为显著性正向相关。而GXB4怀孕生育、SWH1性别歧视与职位级别负向相关。资源背景1项子因素GZY2学历为显著性正向相关。家庭因素和企业因素方面均未有显著性相关因素。社会因素方面1项子因素SWH1性别歧视显著负向相关。

其他因素相关性不显著，其中，个人因素个体特质的子因素GGT17健康、GGT18外形举止，企业因素领导行为子因素QLD2职业导师均为负向相关，是意外的发现，未来可以进一步研究。

对于变量"收入"而言，共有18项显著影响因子(图5-4)，均为正向相关因素。其中包括个人因素方面成就动机1项子因素GCJ1成就导向，个体特质11项子因素较之其他影响因素与职位级别相关性最为显著且均为正向相关，按照相关系数从高到低依次为GGT13领导能力、GGT6主动性、GGT12自信、GGT5影响能力、GGT8共情力、GGT20年龄、GGT7价值观、GGT9组织敏感性、GGT10

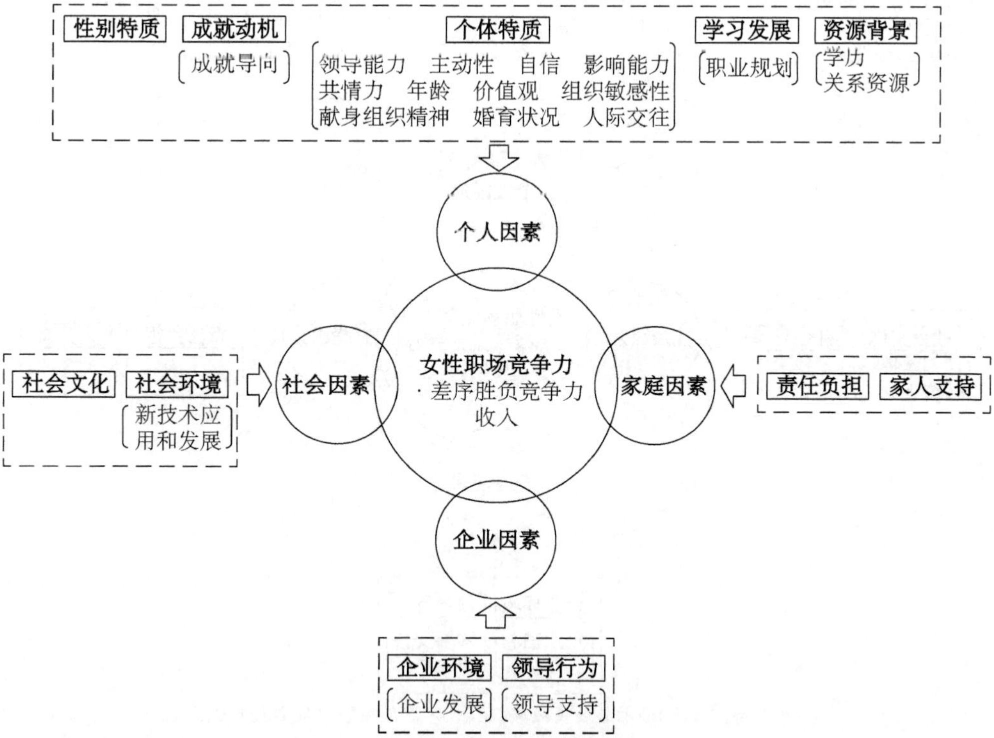

图5-4 收入显著影响因素

献身组织精神、GGT19 婚育状况、GGT16 人际交往等。学习发展 1 项子因素 GXX2 职业规划为显著性正向相关。资源背景 2 项子因素 GZY2 学历、GZY1 关系资源均为显著性正向相关。家庭因素方面没有显著性相关因素。企业因素方面 QHJ2 企业发展、QLD1 领导支持均为显著性正相关。社会因素方面 1 项子因素 SHJ1 新技术应用和发展显著相关。

其他因素相关性不显著,包含负向相关因素 7 项。其中,个人因素 3 项,包括的性别特质 2 项子因素 GXB4 怀孕生育、GXB5 生育规划;个体特质 1 项子因素 GGT11 同事关系;家庭因素 1 项 JFD1 责任负担;企业因素 1 项 QLD2 职业导师;社会因素 2 项 SWH1 性别歧视与 SWH2 传统观念。其中 GXB5 生育规划、GGT11 同事关系、QLD2 职业导师的发现较为意外,未来可做进一步分析。

对于变量"幸福感"而言,共有 33 项显著影响因子(图 5-5),其中,个人因素 25 项,家庭因素 1 项,企业因素全部 4 项,社会因素全部 3 项。只有 6 个不相关因素,充分说明幸福需要多方面的平衡付出。个人因素中性别特质显著影响子因素

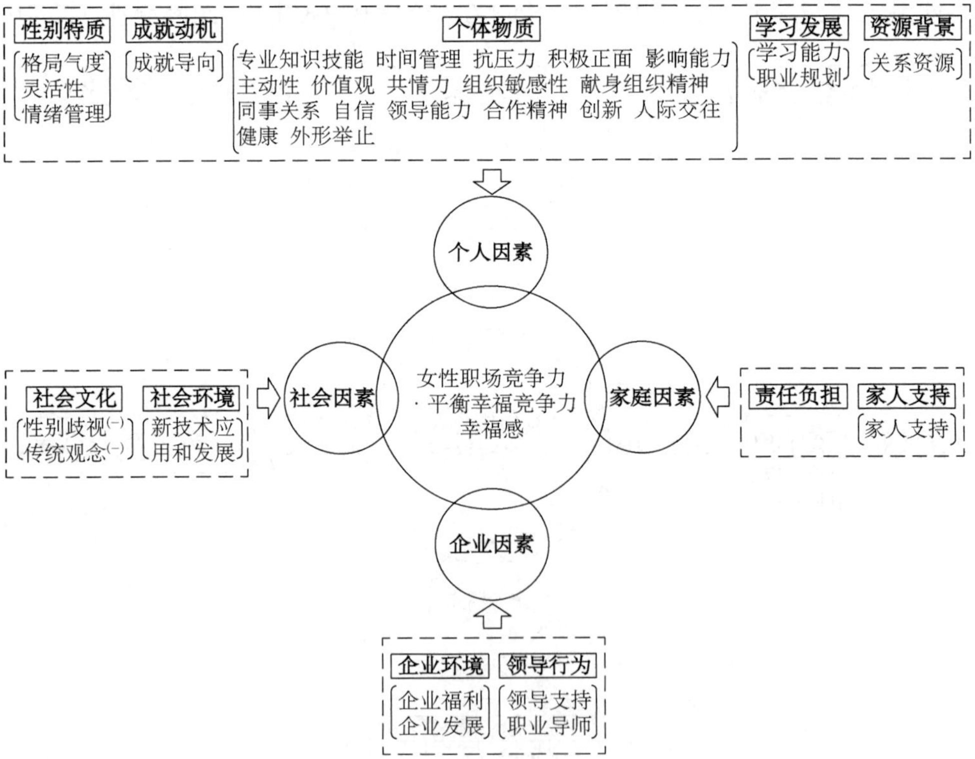

备注:(-)表示显著负相关,其余未注项目表示显著正相关。

图 5-5 幸福感显著影响因素

按照相关系数从高到低依次为 GXB1 格局气度、GXB3 灵活性、GXB2 情绪管理，且相关系数在所有因素中排名靠前；个体特质显著影响子因素按照相关系数从高到低依次为 GGT1 专业知识技能、GGT3 抗压力、GGT5 影响能力、GGT2 时间管理、GGT8 共情力、GGT11 同事关系、GGT13 领导能力、GGT6 主动性、GGT17 健康、GGT10 献身组织精神、GGT14 合作精神、GGT12 自信、GGT9 组织敏感性、GGT15 创新、GGT7 价值观、GGT18 外形举止、GGT16 人际交往、GGT4 积极正面等；学习发展子因素按照相关系数从高到低依次为 GXX2 职业规划、GXX1 学习能力；资源背景子因素 GZY1 关系资源。家庭因素中 JZC1 家人支持相关性正向显著。企业因素中企业发展子因素 QHJ2 企业发展相关性高于 QHJ1 企业福利，领导行为子因素。社会因素社会发展相关性子因素 SHJ1 新技术应用和发展高于社会环境中 SWH1 性别歧视和 SWH2 传统观念，社会环境两项均为负向显著相关。

其他相关性不显著因素共 6 项，包含负向相关因素 2 项。其中，个人因素 5 项，包括的性别特质 2 项负相关子因素 GXB4 怀孕生育、GXB5 生育规划；资源背景 1 项负相关子因素 GZY2 学历；个体特质中的 GGT19 婚育状况、GGT20 年龄。家庭因素 1 项 JFD1 责任负担。其中 GZY2 学历的发现较为意外，未来可做进一步分析。

五、样本的单因素方差分析

基于相关性因素分析结果，可以看出，“婚育状况”“年龄”对“职位级别”呈显著正相关，“年龄”“学历”对于“收入”显著正相关，“年龄”与“幸福感”不相关，“学历”对于“幸福感”显著负相关。开放性访谈阶段有受访者提到，单位性质与女性平衡幸福竞争力相关。因此本节选取变量“婚育状况”“年龄”“学历”“单位性质”，采用单因子方差分析(analysis of variance，简称 ANOVA)进一步研究与变量“职位级别”“收入”“幸福感”之间是否存在显著差异。

1. 婚育状况单因子方差分析

图 5-6 为不同婚育状况的职场女性女性竞争力表现平均数。从中可以看出：

变量“Y1 职位级别”的平均数，已婚已育 1 孩的群体在四个群体中平均数最高，其次是已育 2 孩的群体，已婚未育职位级别平均数最低。

在变量“Y2 收入”的平均数，已婚已育 1 孩的群体在四个群体中平均数最高，已婚未育和已育 2 孩的群体平均数相当，未婚群体收入平均数最低。职场女性群

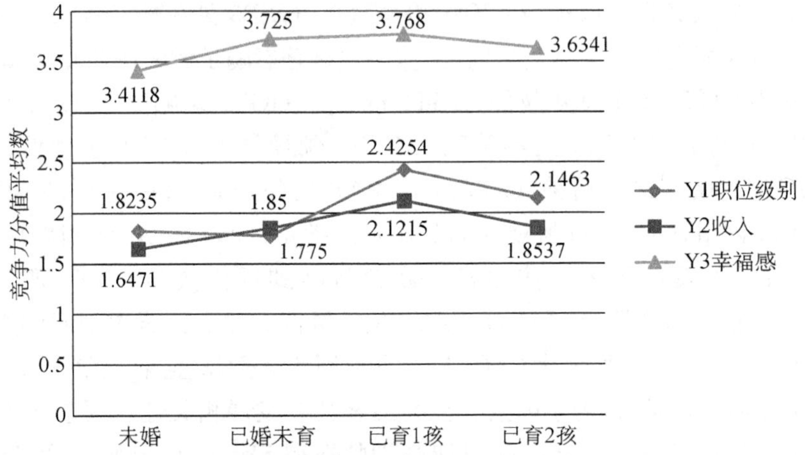

图 5-6 不同婚育状况职场女性竞争力表现平均数

体在变量"Y3 幸福感"的平均数,已婚已育 1 孩的群体在四个群体中平均数最高,其次是已婚未育的群体,未婚群体幸福感平均数最低。

表 5-9 为方差分析摘要表。从中知悉:就"Y1 职位级别""Y2 收入""Y3 幸福感三个变量而言,整体检验的 F 值分别为 6.387($p=0.000<0.05$),4.523($p=0.001<0.05$),2.061($p=0.086>0.05$)。"Y1 职位级别""Y2 收入"达到显著性

表 5-9 不同婚育状况职场女性在职位级别、收入、幸福感差异比较的方差分析(ANOVA)摘要

		平方和(SS)	自由度 df	平均值平方和(MS)	F 检验	事后比较 Scheffe 法	事后比较 HSD 法	事后比较 LSD 法
Y1 职位级别	群组之间	23.793	4	5.948	6.387**	1<3	1<3	1<3
	在群组内	287.752	309	0.931		2<3	2<3	2<3
	总计	311.545	313					
Y2 收入	群组之间	11.547	4	2.887	4.523**	1<3	1<3	1<3
	在群组内	197.195	309	0.638				
	总计	208.742	313					
Y3 幸福感	群组之间	8.059	4	2.015	2.061	n.s.	n.s.	n.s.
	在群组内	302.094	309	0.978				
	总计	310.153	313					

n.s. $p>0.05$ 　* $p<0.05$ 　** $p<0.001$

水平，表示不同婚育状况的职场女性在"Y1 职位级别""Y2 收入"间均有显著差异存在，研究获得支持。而变量"Y3 幸福感"未达到显著水平，表示不同婚育状况的职场女性在"Y3 幸福感"不存在显著差异。

由于不同婚育状况的职场女性在"Y1 职位级别""Y2 收入"间差异达到显著，需要事后比较，以观察哪些配对组别间的差异达到显著。本研究使用了雪费法(Scheffe's method)进行事后比较，从表 5-9 中可以看出：

(1) 就"Y1 职位级别"变量而言，已育 1 孩显著高于未婚和已婚未育群体。

(2) 就"Y2 收入"变量而言，已育 1 孩显著高于未婚群体。

但由于该方法是各种方法中最严格的方法，其比较结果较为保守，有时会发生整体检验 F 值达到显著，但事后比较各项差异均不显著的情形。因此，本次研究也采用了实在显著差异法(Honestly Significant Difference; HSD method)进行事后比较，以便和整体比较 F 值相呼应，检验结果与雪费法(Scheffe's)一致。同时也使用最小显著检验法(Least Significant Difference; LSD method)，检验结果与雪费法一致。

2. 年龄单因子方差分析

图 5-7 为不同年龄段职场女性竞争力表现平均数。从中可以看出：

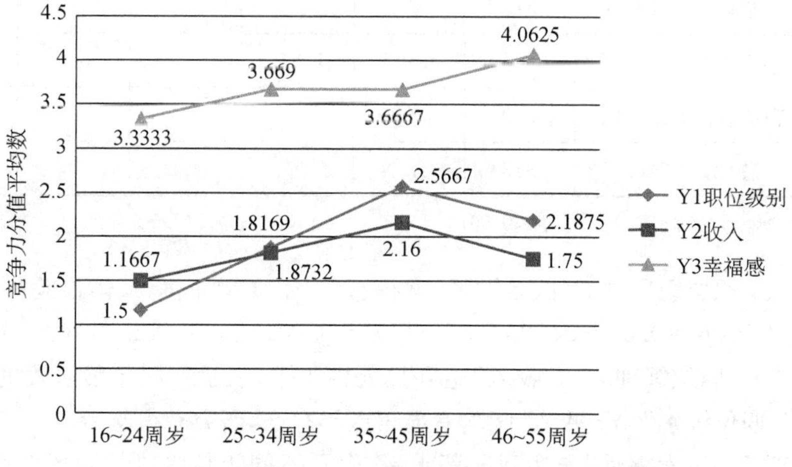

图 5-7　不同年龄段的职场女性竞争力表现平均数

变量"Y1 职位级别"的平均数，职场女性整体职位级别随着年龄增长呈先上升后下降趋势。35～45 周岁年龄段的群体在四个群体中平均数最高，46～55 周岁群体平均数其次，16～24 周岁平均数最低。

变量“Y2 收入”的平均数，35～45 周岁年龄段的群体在四个群体中平均数最高，25～34 周岁和 46～55 周岁的群体平均数相当，25～34 岁稍高，16～24 周岁群体收入平均数最低。

变量“Y3 幸福感”的平均数，从平均数来说，随着年龄增长幸福感逐渐增强。其中，46～55 周岁群体在四个群体中平均数最高，25～34 周岁和 35～45 周岁年龄段平均数相当，但 35～45 周岁稍微下降，16～24 周岁群体平均数最低。

表 5-10 为方差分析摘要表。从中知悉：

表 5-10　不同年龄职场女性在职位级别、收入、幸福感差异比较的方差分析(ANOVA)摘要

		平方和(SS)	自由度 df	平均值平方和(MS)	F 检验	事后比较 Scheffe 法	事后比较 HSD 法	事后比较 LSD 法
Y1 职位级别	群组之间	41.722	3	13.907	15.978**	1<3	1<3	1<3
	在群组内	269.822	310	0.870		2<3	2<3	2<3
	总计	311.545	313					1<4
Y2 收入	群组之间	10.843	3	3.614	5.661*	2<3	2<3	2<3
	在群组内	197.899	310	0.638				1<3
	总计	208.742	313					
Y3 幸福感	群组之间	3.105	3	1.035	1.045	n.s.	n.s.	n.s.
	在群组内	307.048	310	0.990				
	总计	310.153	313					

n.s. $p>0.05$　* $p<0.05$　* * $p<0.001$

就“Y1 职位级别”“Y2 收入”“Y3 幸福感”三个变量而言，整体检验的 F 值分别为 15.978($p=0.000<0.05$)，5.661($p=0.001<0.05$)，1.045($p=0.373>0.05$)。“Y1 职位级别”“Y2 收入”达到显著性水平，表示不同年龄阶段的职场女性在“Y1 职位级别”“Y2 收入”间均有显著差异存在，研究获得支持。

而变量“Y3 幸福感”未达到显著水平，表示不同年龄阶段的职场女性在“Y3 幸福感”不存在显著差异，不需要查看多重比较摘要表。

由于不同年龄阶段的职场女性在“Y1 职位级别”“Y2 收入”间差异达到显著，需要事后比较，以观察哪些配对组别间的差异达到显著。本研究分别使用了雪费法、HSD 法、LSD 法进行事后比较，从表 5-10 中可以看出：

（1）就“Y1 职位级别”变量而言，35～45 周岁显著高于 16～24 周岁和 25～34 周岁群体。

（2）就“Y2 收入”变量而言，35～45 周岁显著高于 25～34 周岁群体。

3. 学历单因子方差分析

图 5-8 为不同学历的职场女性竞争力表现平均数。从中可以看出：

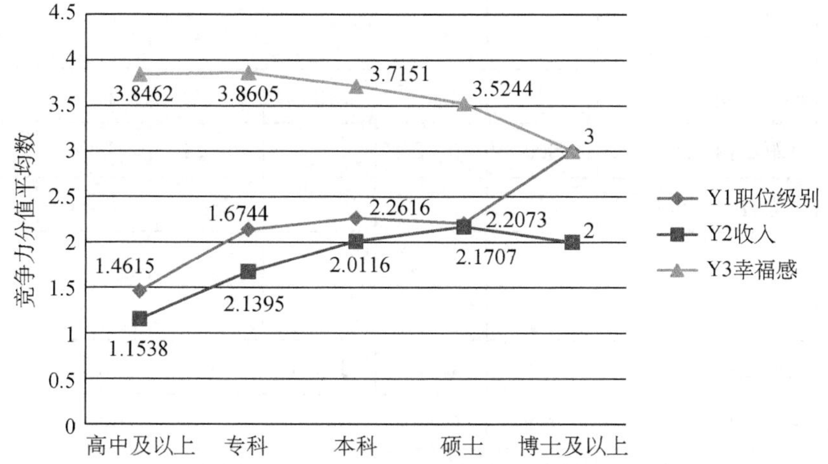

图 5-8　不同学历的职场女性竞争力表现平均数

在变量“Y2 收入”的平均数，已婚已育 1 孩的群体在四个群体中平均数最高，已婚未育和已育 2 孩的群体平均数相当，未婚群体收入平均数最低。

在变量“Y2 收入”的平均数，已婚已育 1 孩的群体在四个群体中平均数最高，已婚未育和已育 2 孩的群体平均数相当，未婚群体收入平均数最低。

在变量“Y3 幸福感”的平均数，已婚已育 1 孩的群体在四个群体中平均数最高，已婚未育和已育 2 孩的群体平均数相当，未婚群体收入平均数最低。

表 5-11 为方差分析摘要表。从中知悉：就“Y1 职位级别”“Y2 收入”“Y3 幸福感”三个变量而言，整体检验的 F 值分别为 6.387（$p=0.000<0.05$），4.523（$p=0.001<0.05$），2.061（$p=0.086>0.05$）。“Y1 职位级别”“Y2 收入”达到显著性水平，因此须拒绝虚无假设，接受对立假设，表示不同学历的职场女性在“Y1 职位级别”“Y2 收入”间均有显著差异存在，研究获得支持。而变量“Y3 幸福感”未达到显著水平，因此须接受虚无假设，表示不同学历的职场女性在“Y3 幸福感”不存在显著差异。

表 5-11　　不同学历职场女性在职位级别、收入、幸福感差异比较的方差分析(ANOVA)摘要

		平方和(SS)	自由度 df	平均值平方和(MS)	F 检验	事后比较 Scheffe 法	事后比较 HSD 法	事后比较 LSD 法
Y1 职位级别	群组之间	10.449	4	2.612	2.681*		1<3	1<2
	在群组内	301.096	309	0.974				1<3
	总计	311.545	313					1<4
								1<5
Y2 收入	群组之间	16.021	4	4.005	6.422**	1<3	1<3	1<3
	在群组内	192.721	309	0.624		1<4	1<4	1<4
	总计	208.742	313			2<4	2<4	2<4
								2<3
								1<2
Y3 幸福感	群组之间	5.806	4	1.451	1.474	n.s.	n.s.	n.s.
	在群组内	304.347	309	0.985				
	总计	310.153	313					

n.s. $p>0.05$　* $p<0.05$　** $p<0.001$

由于不同学历的职场女性在“Y1 职位级别”“Y2 收入”间差异达到显著，需要事后比较，以观察哪些配对组别间的差异达到显著。本研究分别使用了雪费法、HSD 法、LSD 法进行事后比较，从表 5-11 中可以看出：

(1) 就“Y1 职位级别”变量而言，高中及以下学历显著低于本科学历群体。

(2) 就“Y2 收入”变量而言，高中及以下学历显著低于本科、硕士学历群体。

(3) 就“Y2 收入”变量而言，大专学历显著低于硕士学历群体。

4. 单位性质单因子方差分析

图 5-9 为不同单位性质职场女性竞争力表现平均数。从图中可以看出：

变量“Y1 职位级别”的平均数，所选样本中事业单位群体在四个群体中平均数最高，国有企业和私营企业群体平均数相当，外资企业平均数最低。

变量“Y2 收入”的平均数，外资企业群体在四个群体中平均数最高，国有企业和外资企业的群体平均数相当，事业单位平均数最低。

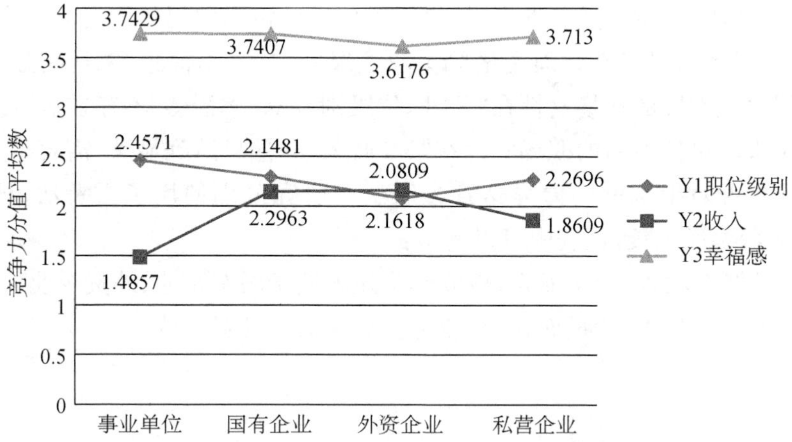

图 5-9　不同单位性质职场女性竞争力表现平均数

变量“Y3 幸福感”的平均数，事业单位群体在四个群体中平均数最高，国有企业和事业单位的群体平均数相当，稍低，外资企业平均数最低。

表 5-12 为方差分析摘要表。从中知悉。

表 5-12　不同单位性质职场女性在职位级别、收入、幸福感差异比较的方差分析(ANOVA)摘要表

		平方和(SS)	自由度df	平均值平方和(MS)	F 检验	事后比较 Scheffe 法	事后比较 HSD 法	事后比较 LSD 法
Y1 职位级别	群组之间	6.475	4	1.619	1.640			
	在群组内	305.069	309	0.987				
	总计	311.545	313					
Y2 收入	群组之间	16.377	4	4.094	6.577**	2<3	2<3	2<3
	在群组内	192.365	309	0.623		2<4	2<4	2<4
						5<4	5<4	5<4
	总计	208.742	313					2<5
Y3 幸福感	群组之间	2.634	4	0.658	0.662			
	在群组内	307.519	309	0.995				
	总计	310.153	313					

n.s. $p>0.05$　* $p<0.05$　** $p<0.001$

就“Y1 职位级别”“Y2 收入”“Y3 幸福感”三个变量而言，整体检验的 F 值分别为 1.640($p=0.164>0.05$)，6.577($p=0.000<0.05$)，0.662($p=0.619>$

0.05)。“Y2 收入”达到显著性水平，表示不同单位性质状况的职场女性在“Y2 收入”间均有显著差异存在。而变量“Y1 职位级别”“Y3 幸福感”未达到显著水平，表示不同单位性质的职场女性在“Y1 职位级别”“Y3 幸福感”不存在显著差异。

由于不同单位性质的职场女性在“Y2 收入”间差异达到显著，需要事后比较，以观察哪些配对组别间的差异达到显著。本研究分别使用了雪费法、HSD 法、LSD 法进行事后比较，从表中可以看出：

(1) 就“Y2 收入”变量而言，事业单位显著低于国有企业、外资企业。

(2) 就“Y2 收入”变量而言，私营企业显著低于外资企业。

第六章

研究结论与讨论

一、研究结论

1. 女性职场竞争力内涵

本研究通过整理归纳开放性访谈受访者反馈，结合文献将女性职场竞争力内涵定义为差序胜负竞争力和平衡幸福竞争力。差序胜负竞争力两个变量职位级别和收入存在中度正相关。而平衡幸福竞争力变量幸福感与差序胜负竞争力变量职位级别、收入相关性未达到显著性水平，不存在显著的相关关系。因此，差序胜负竞争力与平衡幸福竞争力为两个独立概念的定义成立。

2. 女性职场竞争力影响因素

女性职场竞争力概念模型(图 6-1)分为 4 个主范畴、11 类子范畴，访谈因素进一步归类为 39 个影响因素。访谈和调研发现，现代职场女性追求呈现多样化，以职位级别、收入和幸福感分别作为衡量女性职场竞争力表现指标，其显著影响因素存在差异。

对于变量“职位级别”而言，共有 17 项显著影响因子，其中“GGT13 领导能力”较之其他影响因素最为显著，正向相关。“GGT20 年龄”“GGT19 婚育状况”“GGT1 专业知识技能”等与“职位级别”正向相关。而“GXB4 怀孕生育”“SWH1 性别歧视”与“职位级别”负向相关。

对于变量“收入”而言，共有 18 项显著影响因子，均为正向相关因素。其中“GGT13 领导能力”“GZY2 学历”“GGT6 主动性”“GGT12 自信”“GGT5 影响能力”较之其他影响因素更为显著。

对于变量“幸福感”而言，共有 34 项显著影响因子，其中，“GXB1 格局气度”较之其他影响因素最为显著，正向相关。同时，“GGT1 专业知识技能”“GGT3 抗压力”“GGT5 影响能力”“GGT2 时间管理”“GXX2 职业规划”“GGT8 共情力”“GXB3 灵活性”“GXB2 情绪管理”“GGT11 同事关系”等十项变量与“幸福感”正

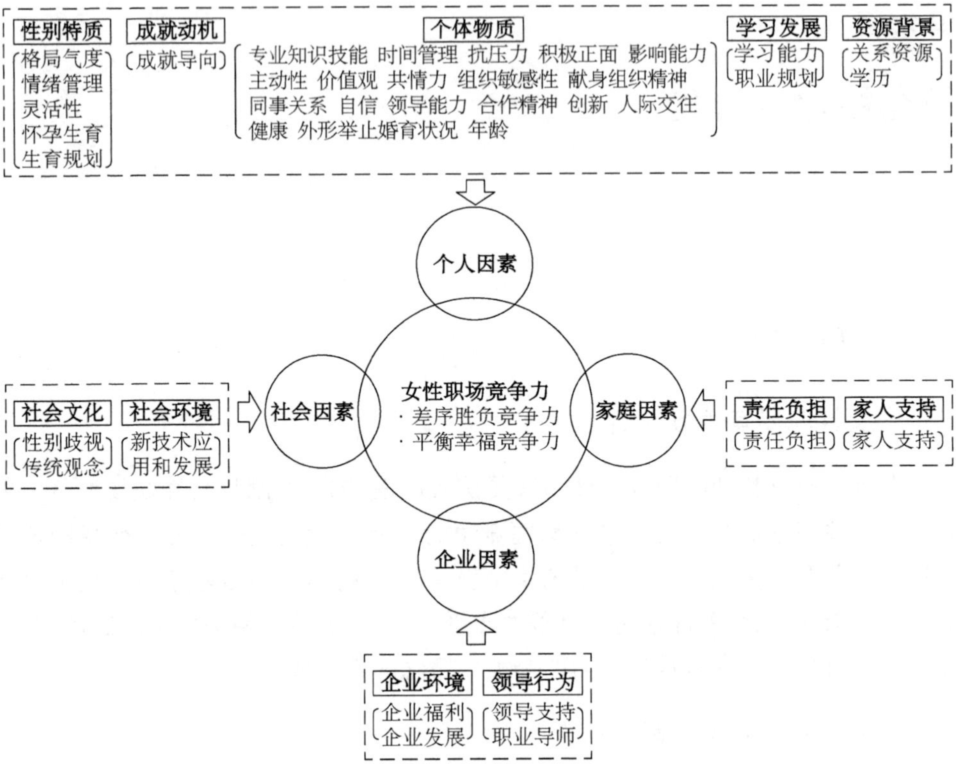

图 6-1 女性职场竞争力影响因素模型

向相关。

本研究意外发现,GGT17 健康、GGT18 外形举止、QLD2 职业导师与职位级别负向相关;GXB5 生育规划、GGT11 同事关系、QLD2 职业导师与收入负相关;GZY2 学历与幸福感负向相关,未来可做进一步分析。

3. 职场女性家庭与事业的关系

职场女性家庭和事业的关系,互相促进,相互影响。工作是为了更好地生活,体现了社会进步、多样性,越来越多企业鼓励职场女性拥有家庭,而不是为了工作放弃家庭。尽管家庭和工作是两项并不轻松的责任,职场女性常常为此面对更多的压力。然而,研究发现,家庭负担并未对职场女性职位级别、收入、幸福感有显著性影响。家人支持对于职场女性幸福感存在显著正相关关系。

4. 不同婚育状况、年龄段女性差序胜负竞争力存在显著差异

不同婚育状况的职场女性在"Y1 职位级别""Y2 收入"间均有显著差异存在。

就“Y1 职位级别”变量而言，已育 1 孩显著高于未婚和已婚未育群体。就“Y2 收入”变量而言，已育 1 孩显著高于未婚群体。

不同年龄阶段的职场女性在“Y1 职位级别”“Y2 收入”间均有显著差异存在。就“Y1 职位级别”变量而言，35～45 周岁显著高于 16～24 周岁和 25～34 周岁群体。就“Y2 收入”变量而言，35～45 周岁显著高于 25～34 周岁群体。

不同学历的职场女性在“Y1 职位级别”“Y2 收入”间均有显著差异存在。就“Y1 职位级别”变量而言，高中及以下学历显著低于本科学历群体。就“Y2 收入”变量而言，高中及以下学历显著低于本科、硕士学历群体；大专学历显著低于硕士学历群体。

表示不同单位性质状况的职场女性在“Y2 收入”间均有显著差异存在，在“Y1 职位级别”不存在显著差异。就“Y2 收入”变量而言，事业单位显著低于国有企业、外资企业；私营企业显著低于外资企业。

5. 不同婚育状况、年龄段、学历、单位性质职场女性平衡幸福竞争力不存在显著差异

访谈中受访者提到婚育状况、年龄、单位性质、学历等对女性平衡幸福竞争力存在影响，通过关联性分析发现，上述因素对职位级别、收入、幸福感存在不同程度的影响。通过进一步差异性分析发现，以上因素对职场女性幸福感并不存在显著差异。

6. 提升建议

访谈过程中，受访者针对女性职场竞争力提升给出了多项建议。

从个体层面来说，首先，职场女性应基于自身状况如年龄、婚育阶段、成就动机和职业发展阶段等方面的差异，对女性职场竞争力变量职位级别、收入、幸福感进行优先级排序，对应选取相关显著性影响因素进行提升。性别特质来说，职场不分男女，两性平等，勿要自设门槛，但不要回避生理差异，女性孕育生命的能力是无可替代的，应该予以充分赞扬和尊重，并且对女性经济上给予一定的补贴，精神上给予更多的关爱。研究发现，提升自我价值观，不断学习以提高自身个体特质各项能力。职业发展规划方面，立足长远，有针对性、策略性地在不同阶段培养、发挥自己的才能，顺应行业趋势和时代潮流，找到最适合自己的职业发展路线，在竞争和变化中保持可持续性的优势。

从家庭层面来说，家庭成员应加强沟通，给予职场女性更多的理解和支持，帮助女性平衡各个方面家庭关系，为她们提供尽可能多的帮助。如果女性的职场潜力大，且有明确的职业目标，伴侣或长辈可多分担家庭内部事务，减少家庭琐事对职场女性精力的占用与干扰，让她们解放更多的育儿精力，投入必要的时间精力去实现个人职业目标。

从企业层面来说，企业文化应倡导多元性，录用人员时，不要对男性和女性使用双重标准。企业政策和组织，鼓励发展女性领导者，组织和培育多元化的活动；组织孩子照料俱乐部，组建女性职业发展社区，帮助职场女性设立和设计职业规划，为职场女性提供良好的企业环境和领导支持。

从社会层面来说，应提供长效的、良性的、有利于提升女性职场竞争力的国家政策、行业发展等综合环境因素，包含国家福利、政策、补贴、行业变化、新技术应用和发展、市场需要及社会职业女性团体等。鼓励带薪休假、弹性休假制度，加大对雇佣女性员工的企业的补贴，减少企业因为休假成本对女性的负面影响，以有效消除劳动力市场对女性的就业歧视。对于新技术的应用、行业变化引起的岗位取消，如金融、会计、高速公路收费站，国家要一方面鼓励企业合法合理补偿，另一方面增加就业培训和再就业引导。关于全面二孩政策，政府要制定相关配套政策，为在职男性、女性双方提供必要的假期，对企业进行补贴，引导男性照料和养育责任，减轻女性育儿负担，避免生育歧视引起的女性职业发展障碍，促进与保障政策与福利方面的性别平等。①

二、研究局限与展望

由于对女性职场竞争力研究较少，加上个人研究水平的有限，仍旧存在许多局限之处有待改进。主要包括：①女性职场竞争力问卷在搜集收入、年龄等指标时，由于涉及个人隐私内容，从数据可搜集角度考虑划分成不同区段，得出整体趋势。科学性上讲，使用具体精确数值，分析结果会更具体。②对女性职场竞争力问卷搜集的是女性自评的数据，缺乏多角度，如领导、同事等他人评价的数据。

未来研究可以从以下几个方面进行：①进一步缩小测评区间梯度，验证相关影响因子对女性职场竞争力的量的研究。②进一步分析健康、外形举止，职业导师与职位级别；GXB5 生育规划、GGT11 同事关系、QLD2 职业导师与收入；GZY2 学历与幸福感相关关系。③进一步研究差序胜负竞争力与平衡幸福

① 张韵."全面二孩"政策对女性职业发展的影响及其因应之策[J].福建行政学院学报，2016(04)：104-112.

竞争力之间的作用机制，寻求更多的中介机制更好地解释女性职场竞争力。④可使用大数据，具体聚焦某些行业、某些企业，获得企业管理者支持同意，采用自评、领导、同事评价数据，结合个人年度业绩考评、薪资、级别数据研究女性职场竞争力。

附　录

附录 A　　访谈对象基本信息表

编号	工作年限	年龄	性别	学历	婚育状况	职务	所属行业	单位性质	国籍
C1	9	32	男	学士	未婚	招聘主管	汽车/摩托车	外资企业	中
C2	10	34	男	硕士在读	已婚已育	项目经理	汽车/摩托车	外资企业	中
C3	15	37	女	硕士在读	已婚已育	需求计划经理	快速消费品	外资企业	中
C4	15	37	女	硕士在读	已婚已育	商务经理	新能源行业	外资企业	中
C5	15	37	女	硕士在读	已婚已育	客服部高级经理	制药/生物工程	私营企业	中
C6	/	/	男	博士	/	教授	教育	事业单位	中
C7	8	32	女	硕士在读	未婚	战略采购	汽车/摩托车	外资企业	中
C8	13	34	女	硕士在读	已婚已育	项目经理	仪器/仪表/工业自动化/电气	外资企业	中
C9	8	30	女	硕士在读	未婚	资深运营主任	批发/零售	外资企业	中
C10	15	37	男	硕士在读	已婚已育	亚太区项目经理	仪器/仪表/工业自动化/电气	外资企业	中
C11	14	36	女	硕士在读	已婚已育	高级市场专员	仪器/仪表/工业自动化/电气	外资企业	中
C12	7	30	男	硕士在读	未婚	招商项目经理	政府/非盈利机构	政府机构	中
C13	12	35	男	硕士在读	已婚已育	制造工程主管	汽车/摩托车	外资企业	中
C14	6	28	女	硕士在读	已婚已育	行政经理助理	汽车/摩托车	国有企业	中
C15	6	28	男	硕士在读	已婚未育	大堂经理兼个人客户经理兼柜员	金融业	国有企业	中
C16	8	31	女	硕士在读	已婚未育	外商业务开发部主管	仪器/仪表/工业自动化/电气	私营企业	中

(续表)

编号	工作年限	年龄	性别	学历	婚育状况	职务	所属行业	单位性质	国籍
C17	12	33	男	硕士在读	已婚已育	采购经理	批发/零售	外资企业	中
C18	17	40	男	硕士在读	已婚已育	销售主管	机械制造/机电/重工	外资企业	中
C19	10	32	男	硕士在读	已婚已育	制动及底盘控制系统经理	汽车/摩托车	私营企业	中
C20	12	33	男	硕士在读	已婚已育	BPS经理	汽车/摩托车	外资企业	中
C21	7	30	男	硕士在读	已婚已育	客户主任	交通/运输/物流	外资企业	中
C22	7	30	男	硕士在读	未婚	招聘主管	航空业	私营企业	中
C23	9	33	女	硕士在读	已婚已育	推广经理	制药/生物工程	私营企业	中
C24	13	34	女	硕士在读	未婚	资深绩效经理	金融业	私营企业	中
C25	16	38	男	硕士在读	已婚已育	市场分析经理	贸易/进出口	外资企业	中
C26	7	30	男	硕士在读	未婚	项目经理	汽车/摩托车	外资企业	中
C27	4	28	女	硕士	已婚未育	人事经理	汽车/摩托车	外资企业	中
C28	3	26	女	本科	未婚	人事专员	汽车/摩托车	外资企业	中
C29	5	30	女	本科	已婚未育	人事专员	汽车/摩托车	外资企业	中
C30	10	33	女	本科	已婚已育	人事经理	汽车/摩托车	外资企业	中
C31	3	26	女	本科	未婚	人事专员	汽车/摩托车	外资企业	中
C32	5	28	男	本科	已婚已育	人事专员	汽车/摩托车	外资企业	中
C33	4	26	女	本科	未婚	人事专员	汽车/摩托车	外资企业	中
C34	14	35	女	本科	已婚已育	人事专员	汽车/摩托车	外资企业	中
C35	3	26	男	本科	已婚未育	人事专员	汽车/摩托车	外资企业	中
C36	28	50	男	硕士	已婚已育	总监	汽车/摩托车	外资企业	德
C37	18	40	男	硕士	已婚已育	人力资源总监	汽车/摩托车	外资企业	中
C38	13	39	女	本科	已婚已育	人事经理	汽车/摩托车	外资企业	中
C39	25	/	男	博士	已婚已育	总裁	汽车/摩托车	外资企业	德

附录 B　　女性职场竞争力访谈提纲

姓名		日期		编号	
1	如果您是女性，请问（男性略） 您的年龄： 工作年限：　年 婚育状况：未婚□　　已婚未育□　　已婚已育□				
2	您如何界定女性职场竞争力？				
3	您觉得影响女性职场竞争力的因素有哪些？				
4	您认为如何提升女性职场竞争力？				
5	您认为家庭是职场女性事业的一部分吗？				

附录 C "女性职场竞争力研究"调查问卷

亲爱的女性朋友,您好!

为更好地了解女性职场生存现状,以期提高女性职场竞争力,帮助女性获得职业生涯的延续和发展,特邀您参与"女性职场竞争力研究"问卷调查。

本调查不记名,答案无正误之分,问卷结果仅用于学术研究。本问卷第一部分为评分题,第二部分为选择题。根据您的婚育状况,有 40～45 道题目,请根据您的真实情况完整填写,预计本问卷将占用您 10～20 分钟时间。

推动改善女性职场环境,助力女性职场成长,我们在行动。感谢您抽出宝贵的时间,您的分享意义非凡,谢谢!

女性职场竞争力研究组

以下为评分题项,1～5 颗星分别代表"完全不同意""部分不同意""不确定""部分同意""完全同意"。

序号	问题描述	完全不同意	部分不同意	不确定	部分同意	完全同意
1	我的工作和生活平衡得很好,幸福感很强					
2	我具备和岗位匹配的专业知识和技能					
3	我总是提前把要做的事情排好优先次序,有效分配时间,高效完成					
4	我处事大度,很少为工作和生活中的细节、小事而烦恼					
5	面对挫折或困难,我能够直面压力,理智地认识问题,科学合理地思考					
6	我很少情绪化,即使面对批评,我也能够很快调整好情绪,寻求解决方案而不是纠结谁对谁错					
7	我以工作业绩突出为导向,愿意给自己设定挑战性目标,并努力实现					
8	我习惯鼓励他人,给出正面反馈,并指导他如何做					
9	我能够适应不同环境、和不同个性的人打交道,并有效工作					
10	我能够说服领导或下属赞成并支持我的观点					
11	我总能发现新的机会或潜在困难,并主动采取行动					

（续表）

序号	问题描述	完全不同意	部分不同意	不确定	部分同意	完全同意
12	我对工作环境态度坦诚，总能依照自己的价值观行事					
13	我能够很快理解他人的想法，感觉和关注点					
14	我可以分辨出组织中谁是决策者，谁有影响力					
15	我支持公司策略，并愿意为公司牺牲个人利益					
16	我和周围同事关系融洽，并且愿意在工作场合之外建立联系					
17	我能够独立完成任务，愿意选择富有挑战性的工作					
18	我愿意与他人合作，遇到问题向他人请教，共同解决问题，分享成功					
19	我不局限于以往的经验，不断改进工作学习方法，以适应新观念、新形势发展的要求					
20	我通过自己或他人经验教训，增加学识，提高技能，获得利于未来发展的能力					
21	我喜欢与人交往，我以主动、热情、诚恳、正直的表现获得他人的尊重和信赖，赢得良好的人际交往氛围					
22	我身体健康、精力充沛，熬夜加班能轻松应对					
23	我结合自身的优势和职业目标，选择适合自己的岗位、职业					
24	我的职业发展得益于良好的家庭背景和社会关系					

（续表）

序号	问题描述	完全不同意	部分不同意	不确定	部分同意	完全同意
25	良好的外在形象，得体的言行举止，对我的职业发展很重要					
26	我会（曾）因为工作需要而延缓生育或不生育					
27	我需要花大量时间照顾父母子女，处理家庭事务					
28	怀孕生育对我的职业发展产生了负面影响（未育女性可不选）					
29	家人（父母、伴侣等）给予我充分地理解和支持，使我有更多精力投入工作					
30	我所在单位有较好的福利（弹性工作制，带薪年假，幼托等）使我可以很好地兼顾家庭					
31	我所在的组织和领导针对我的个人发展，提供了建设性的意见和必要的支持					
32	我所在的企业过去5年发展良好，在同行业内处于领先地位，为我赢得更多的职业机会					
33	我以往的工作中，没有经历过任何针对女性的性别偏见或发展障碍					
34	我认为“男主外女主内”的观点过时了，夫妻双方权利和义务平等，家庭分工也是					
35	我得到过职业女性发展团体、职业导师的支持和帮助					
36	新技术的应用，给我所在的行业和工作创造了更多机会					
以下为选择题，为确保统计分析有效性，请您协助填写以下个人信息。题项采用区间设置，不涉及具体信息，请您放心填写。						

（续表）

<table>
<tr><td>37</td><td>我工作的城市</td><td colspan="7"></td></tr>
<tr><td>38</td><td>我的年龄</td><td>16～24 周岁</td><td>25～34 周岁</td><td>35～45 周岁</td><td colspan="2">46～55 周岁</td><td colspan="2">55 周岁以上</td></tr>
<tr><td rowspan="2">39</td><td rowspan="2">我的婚育状况</td><td rowspan="2">未婚</td><td rowspan="2">已婚，未育</td><td colspan="5">已婚已育</td></tr>
<tr><td>几个孩子</td><td>1 个</td><td>2 个</td><td>3 个</td><td>4 个以上</td></tr>
<tr><td>40</td><td>我的工作单位属于</td><td>政府机关</td><td>事业单位</td><td>国有企业</td><td colspan="2">外资企业</td><td colspan="2">私营企业</td></tr>
<tr><td>41</td><td>我的职位级别</td><td>普通员工或助理职称</td><td>初级管理人员（如：主管）或初级职称</td><td>中级管理人员（如：经理）或中级职称</td><td colspan="2">高级管理人员（如：总监）或副高级职称</td><td colspan="2">顶级管理人员（如：总经理、总裁、董事会主席）或正高级职称</td></tr>
<tr><td>42</td><td>我的最高学历</td><td>高中及以下</td><td>专科</td><td>本科</td><td colspan="2">硕士</td><td colspan="2">博士及以上</td></tr>
<tr><td>43</td><td>我辛苦一年赚了</td><td>10 万元以下</td><td>10 万～25 万元</td><td>25 万～50 万元</td><td colspan="2">50 万～100 万元</td><td colspan="2">100 万元以上</td></tr>
<tr><td rowspan="2">44</td><td rowspan="2">我更看中工作带来的（可多选）</td><td>高收入</td><td>更大的权力、影响力的高职位</td><td>兼顾家庭又保持经济独立</td><td colspan="2">职业安全感</td><td colspan="2">自我实现的满足感、成就感</td></tr>
<tr><td>赢得他人的支持和尊重</td><td>为社会创造价值</td><td colspan="5">其他________</td></tr>
<tr><td colspan="9">占用您的宝贵时间，再次感谢您的分享，祝您生活愉快。</td></tr>
</table>

附录 D　　描述性统计表

	N	最小值	最大值	总和	平均数	标准偏差
GGT14 合作精神	314	2.00	5.00	1 386.00	4.4140	0.68805
GGT9 组织敏感性	314	1.00	5.00	1 356.00	4.3185	0.77943
GXX1 学习能力	314	1.00	5.00	1 330.00	4.2357	0.74250
GGT16 人际交往	314	1.00	5.00	1 326.00	4.2229	0.82763

（续表）

	N	最小值	最大值	总和	平均数	标准偏差
GGT12 自信	314	1.00	5.00	1 322.00	4.2102	0.79962
GGT8 共情力	314	1.00	5.00	1 315.00	4.1879	0.83821
GGT7 价值观	314	1.00	5.00	1 315.00	4.1879	0.83439
GGT11 同事关系	314	1.00	5.00	1 311.00	4.1752	0.87450
GGT4 积极正面	314	1.00	5.00	1 309.00	4.1688	0.82310
JZC1 家人支持	314	1.00	5.00	1 304.00	4.1529	0.91955
GGT15 创新	314	1.00	5.00	1 301.00	4.1433	0.82406
GGT1 专业知识技能	314	1.00	5.00	1 300.00	4.1401	0.89699
GGT18 外形举止	314	1.00	5.00	1 297.00	4.1306	0.92126
GGT2 时间管理	314	1.00	5.00	1 274.00	4.0573	0.90255
GXB3 灵活性	314	1.00	5.00	1 274.00	4.0573	0.85529
GCJ1 成就导向	314	1.00	5.00	1 224.00	3.8981	0.95379
GXX2 职业规划	314	1.00	5.00	1 217.00	3.8758	0.90817
GGT3 抗压力	314	1.00	5.00	1 205.00	3.8376	0.91964
GGT13 领导能力	314	1.00	5.00	1 201.00	3.8248	0.93455
Y3 幸福感	314	1.00	5.00	1 156.00	3.6815	0.99544
GGT6 主动性	314	1.00	5.00	1 147.00	3.6529	0.94101
GGT5 影响能力	314	1.00	5.00	1 134.00	3.6115	0.87675
SHJ1 新技术应用和发展	314	1.00	5.00	1 132.00	3.6051	1.16804
GXB1 格局气度	314	1.00	5.00	1 132.00	3.6051	1.02217
GXB2 情绪管理	314	1.00	5.00	1 123.00	3.5764	0.97027
GGT10 献身组织精神	314	1.00	5.00	1 112.00	3.5414	1.13605
QHJ2 企业发展	314	1.00	5.00	1 102.00	3.5096	1.17001
QLD1 领导支持	314	1.00	5.00	1 048.00	3.3376	1.14481
GZY1 关系资源	314	1.00	5.00	1 024.00	3.2611	1.14811
QHJ1 企业福利	314	1.00	5.00	918.00	2.9236	1.27418
JFD1 责任负担	314	1.00	5.00	884.00	2.8153	1.13510
GXB4 怀孕生育	247	1.00	5.00	662.00	2.6802	1.42243

（续表）

	N	最小值	最大值	总和	平均数	标准偏差
QLD2 职业导师	314	1.00	5.00	796.00	2.5350	1.32573
SWH1 性别歧视	314	1.00	5.00	780.00	2.4841	1.21810
GXB5 生育规划	314	1.00	5.00	780.00	2.4841	1.37344
SWH2 传统观念	314	1.00	5.00	493.00	1.5701	0.87009

附录 E　　Pearson 相关性分析表

		Y1 职位级别	Y2 收入	Y3 幸福感	GXB1 格局气度	GXB2 情绪管理	GXB3 灵活性	GXB4 怀孕生育	GXB5 生育规划	GCJ1 成就导向
Y1 职位级别	相关系数	1	0.556**	−0.001	0.018	0.015	0.009	−0.139*	0.032	0.079
	显著性（双尾）		0.000	0.986	0.754	0.792	0.881	0.029	0.577	0.161
	N	314	314	314	314	314	314	247	314	314
Y2 收入	相关系数	0.556**	1	−0.015	0.082	0.017	0.089	−0.090	−0.036	0.173**
	显著性（双尾）	0.000		0.789	0.147	0.766	0.114	0.160	0.525	0.002
	N	314	314	314	314	314	314	247	314	314
Y3 幸福感	相关系数	−0.001	−0.015	1	0.438**	0.326**	0.337**	−0.118	−0.022	0.238**
	显著性（双尾）	0.986	0.789		0.000	0.000	0.000	0.063	0.692	0.000
	N	314	314	314	314	314	314	247	314	314
GXB1 格局气度	相关系数	0.018	0.082	0.438**	1	0.575**	0.443**	−0.153*	−0.048	0.342**
	显著性（双尾）	0.754	0.147	0.000		0.000	0.000	0.016	0.399	0.000
	N	314	314	314	314	314	314	247	314	314
GXB2 情绪管理	相关系数	0.015	0.017	0.326**	0.575**	1	0.434**	−0.054	0.130*	0.385**
	显著性（双尾）	0.792	0.766	0.000	0.000		0.000	0.399	0.021	0.000
	N	314	314	314	314	314	314	247	314	314
GXB3 灵活性	相关系数	0.009	0.089	0.337**	0.443**	0.434**	1	0.038	−0.029	0.418**
	显著性（双尾）	0.881	0.114	0.000	0.000	0.000		0.551	0.607	0.000
	N	314	314	314	314	314	314	247	314	314

（续表）

		Y1 职位级别	Y2 收入	Y3 幸福感	GXB1 格局气度	GXB2 情绪管理	GXB3 灵活性	GXB4 怀孕生育	GXB5 生育规划	GCJ1 成就导向
GXB4 怀孕生育	相关系数	−0.139*	−0.090	−0.118	−0.153*	−0.054	0.038	1	0.399**	0.110
	显著性（双尾）	0.029	0.160	0.063	0.016	0.399	0.551		0.000	0.085
	N	247	247	247	247	247	247	247	247	247
GXB5 生育规划	相关系数	0.032	−0.036	−0.022	−0.048	0.130*	−0.029	0.399**	1	0.155**
	显著性（双尾）	0.577	0.525	0.692	0.399	0.021	0.607	0.000		0.006
	N	314	314	314	314	314	314	247	314	314
GCJ1 成就导向	相关系数	0.079	0.173**	0.238**	0.342**	0.385**	0.418**	0.110	0.155**	1
	显著性（双尾）	0.161	0.002	0.000	0.000	0.000	0.000	0.085	0.006	
	N	314	314	314	314	314	314	247	314	314
GGT1 专业知识技能	相关系数	0.185**	0.101	0.412**	0.291**	0.351**	0.331**	0.100	0.090	0.413**
	显著性（双尾）	0.001	0.073	0.000	0.000	0.000	0.000	0.116	0.111	0.000
	N	314	314	314	314	314	314	247	314	314
GGT2 时间管理	相关系数	0.075	0.072	0.390**	0.367**	0.393**	0.327**	−0.069	0.096	0.526**
	显著性（双尾）	0.182	0.206	0.000	0.000	0.000	0.000	0.283	0.089	0.000
	N	314	314	314	314	314	314	247	314	314
GGT3 抗压力	相关系数	0.082	0.079	0.404**	0.611**	0.603**	0.430**	−0.092	0.057	0.455**
	显著性（双尾）	0.147	0.163	0.000	0.000	0.000	0.000	0.151	0.311	0.000
	N	314	314	314	314	314	314	247	314	314
GGT4 积极正面	相关系数	0.164**	0.093	0.206**	0.304**	0.314**	0.449**	0.037	0.111*	0.498**
	显著性（双尾）	0.004	0.101	0.000	0.000	0.000	0.000	0.566	0.049	0.000
	N	314	314	314	314	314	314	247	314	314
GGT5 影响能力	相关系数	0.165**	0.185**	0.403**	0.427**	0.422**	0.575**	−0.027	0.112*	0.487**
	显著性（双尾）	0.003	0.001	0.000	0.000	0.000	0.000	0.669	0.048	0.000
	N	314	314	314	314	314	314	247	314	314

（续表）

		Y1 职位级别	Y2 收入	Y3 幸福感	GXB1 格局气度	GXB2 情绪管理	GXB3 灵活性	GXB4 怀孕生育	GXB5 生育规划	GCJ1 成就导向
GGT6 主动性	相关系数	0.162**	0.228**	0.291**	0.352**	0.356**	0.493**	0.016	0.163**	0.580**
	显著性（双尾）	0.004	0.000	0.000	0.000	0.000	0.000	0.808	0.004	0.000
	N	314	314	314	314	314	314	247	314	314
GGT7 价值观	相关系数	0.141*	0.149**	0.245**	0.290**	0.296**	0.330**	−0.065	0.046	0.438**
	显著性（双尾）	0.012	0.008	0.000	0.000	0.000	0.000	0.312	0.418	0.000
	N	314	314	314	314	314	314	247	314	314
GGT8 共情力	相关系数	0.118*	0.171**	0.355**	0.337**	0.357**	0.497**	−0.058	0.021	0.376**
	显著性（双尾）	0.037	0.002	0.000	0.000	0.000	0.000	0.364	0.716	0.000
	N	314	314	314	314	314	314	247	314	314
GGT9 组织敏感性	相关系数	0.051	0.145*	0.267**	0.235**	0.251**	0.361**	0.008	0.103	0.358**
	显著性（双尾）	0.372	0.010	0.000	0.000	0.000	0.000	0.895	0.068	0.000
	N	314	314	314	314	314	314	247	314	314
GGT10 献身组织精神	相关系数	0.138*	0.134*	0.283**	0.281**	0.293**	0.307**	0.048	0.169**	0.408**
	显著性（双尾）	0.015	0.018	0.000	0.000	0.000	0.000	0.451	0.003	0.000
	N	314	314	314	314	314	314	247	314	314
GGT11 同事关系	相关系数	−0.020	−0.060	0.307**	0.321**	0.348**	0.422**	−0.070	0.001	0.297**
	显著性（双尾）	0.728	0.289	0.000	0.000	0.000	0.000	0.274	0.986	0.000
	N	314	314	314	314	314	314	247	314	314
GGT12 自信	相关系数	0.162**	0.190**	0.269**	0.348**	0.333**	0.492**	0.007	0.070	0.585**
	显著性（双尾）	0.004	0.001	0.000	0.000	0.000	0.000	0.919	0.216	0.000
	N	314	314	314	314	314	314	247	314	314
GGT13 领导能力	相关系数	0.327**	0.278**	0.294**	0.376**	0.446**	0.428**	−0.061	0.104	0.482**
	显著性（双尾）	0.000	0.000	0.000	0.000	0.000	0.000	0.342	0.067	0.000
	N	314	314	314	314	314	314	247	314	314

（续表）

		Y1 职位级别	Y2 收入	Y3 幸福感	GXB1 格局气度	GXB2 情绪管理	GXB3 灵活性	GXB4 怀孕生育	GXB5 生育规划	GCJ1 成就导向
GGT14 合作精神	相关系数	0.075	0.033	0.282**	0.351**	0.354**	0.416**	−0.077	0.004	0.410**
	显著性（双尾）	0.186	0.565	0.000	0.000	0.000	0.000	0.226	0.949	0.000
	N	314	314	314	314	314	314	247	314	314
GGT15 创新	相关系数	0.181**	0.096	0.254**	0.333**	0.400**	0.428**	−0.071	0.094	0.559**
	显著性（双尾）	0.001	0.088	0.000	0.000	0.000	0.000	0.263	0.097	0.000
	N	314	314	314	314	314	314	247	314	314
GGT16 人际交往	相关系数	0.079	0.118*	0.242**	0.403**	0.309**	0.465**	−0.028	0.059	0.401**
	显著性（双尾）	0.161	0.036	0.000	0.000	0.000	0.000	0.663	0.294	0.000
	N	314	314	314	314	314	314	247	314	314
GGT17 健康	相关系数	−0.007	0.009	0.284**	0.357**	0.326**	0.374**	−0.078	0.244**	0.330**
	显著性（双尾）	0.899	0.870	0.000	0.000	0.000	0.000	0.221	0.000	0.000
	N	314	314	314	314	314	314	247	314	314
GGT18 外形举止	相关系数	−0.005	0.073	0.244**	0.242**	0.252**	0.343**	−0.066	0.139*	0.332**
	显著性（双尾）	0.927	0.197	0.000	0.000	0.000	0.000	0.301	0.014	0.000
	N	314	314	314	314	314	314	247	314	314
GGT19 婚育状况	相关系数	0.189**	0.134*	0.072	0.158**	0.058	0.052	−0.108	−0.236**	0.014
	显著性（双尾）	0.001	0.017	0.201	0.005	0.303	0.357	0.090	0.000	0.799
	N	314	314	314	314	314	314	247	314	314
GGT20 年龄	相关系数	0.306**	0.151**	0.062	0.153**	0.140*	0.011	−0.151*	−0.202**	−0.011
	显著性（双尾）	0.000	0.007	0.272	0.007	0.013	0.840	0.018	0.000	0.845
	N	314	314	314	314	314	314	247	314	314
GXX1 学习能力	相关系数	0.141*	0.048	0.245**	0.342**	0.401**	0.386**	−0.083	0.057	0.530**
	显著性（双尾）	0.012	0.396	0.000	0.000	0.000	0.000	0.194	0.314	0.000
	N	314	314	314	314	314	314	247	314	314

（续表）

		Y1 职位级别	Y2 收入	Y3 幸福感	GXB1 格局气度	GXB2 情绪管理	GXB3 灵活性	GXB4 怀孕生育	GXB5 生育规划	GCJ1 成就导向
GXX2 职业规划	相关系数	0.131*	0.133*	0.366**	0.384**	0.426**	0.383**	−0.109	0.110	0.491**
	显著性（双尾）	0.020	0.018	0.000	0.000	0.000	0.000	0.086	0.052	0.000
	N	314	314	314	314	314	314	247	314	314
GZY1 关系资源	相关系数	0.006	0.114*	0.266**	0.281**	0.260**	0.251**	0.074	0.221**	0.290**
	显著性（双尾）	0.921	0.044	0.000	0.000	0.000	0.000	0.244	0.000	0.000
	N	314	314	314	314	314	314	247	314	314
GZY2 学历	相关系数	0.117*	0.253**	−0.124*	−0.203**	−0.194**	−0.149**	0.025	0.005	−0.055
	显著性（双尾）	0.038	0.000	0.028	0.000	0.001	0.008	0.691	0.923	0.331
	N	314	314	314	314	314	314	247	314	314
JFD1 责任负担	相关系数	0.054	−0.082	0.064	0.039	0.024	0.021	0.334**	0.215**	0.056
	显著性（双尾）	0.344	0.149	0.260	0.493	0.666	0.713	0.000	0.000	0.320
	N	314	314	314	314	314	314	247	314	314
JZC1 家人支持	相关系数	0.021	0.023	0.266**	0.234**	0.255**	0.200**	−0.084	0.042	0.225**
	显著性（双尾）	0.709	0.686	0.000	0.000	0.000	0.000	0.186	0.454	0.000
	N	314	314	314	314	314	314	247	314	314
QHJ1 企业福利	相关系数	0.085	0.087	0.270**	0.210**	0.160**	0.177**	0.075	0.186**	0.164**
	显著性（双尾）	0.131	0.124	0.000	0.000	0.005	0.002	0.238	0.001	0.003
	N	314	314	314	314	314	314	247	314	314
QHJ2 企业发展	相关系数	0.106	0.132*	0.296**	0.209**	0.188**	0.312**	0.023	0.138*	0.359**
	显著性（双尾）	0.060	0.019	0.000	0.000	0.001	0.000	0.715	0.014	0.000
	N	314	314	314	314	314	314	247	314	314
QLD1 领导支持	相关系数	0.062	0.120*	0.254**	0.166**	0.198**	0.261**	0.080	0.225**	0.248**
	显著性（双尾）	0.276	0.034	0.000	0.003	0.000	0.000	0.209	0.000	0.000
	N	314	314	314	314	314	314	247	314	314

（续表）

		Y1 职位级别	Y2 收入	Y3 幸福感	GXB1 格局气度	GXB2 情绪管理	GXB3 灵活性	GXB4 怀孕生育	GXB5 生育规划	GCJ1 成就导向
QLD2 职业导师	相关系数	−0.016	−0.027	0.178**	0.128*	0.189**	0.145*	0.220**	0.277**	0.142*
	显著性（双尾）	0.773	0.632	0.002	0.023	0.001	0.010	0.000	0.000	0.012
	N	314	314	314	314	314	314	247	314	314
SWH1 性别歧视	相关系数	−0.130*	−0.070	−0.207**	−0.264**	−0.167**	−0.171**	0.240**	−0.016	−0.125*
	显著性（双尾）	0.021	0.219	0.000	0.000	0.003	0.002	0.000	0.772	0.027
	N	314	314	314	314	314	314	247	314	314
SWH2 传统观念	相关系数	−0.041	−0.031	−0.140*	−0.102	−0.126*	−0.203**	0.061	−0.047	−0.261**
	显著性（双尾）	0.473	0.586	0.013	0.072	0.026	0.000	0.343	0.405	0.000
	N	314	314	314	314	314	314	247	314	314
SHJ1 新技术应用和发展	相关系数	0.079	0.129*	0.216**	0.190**	0.173**	0.250**	0.095	0.072	0.314**
	显著性（双尾）	0.165	0.022	0.000	0.001	0.002	0.000	0.136	0.205	0.000
	N	314	314	314	314	314	314	247	314	314

		GGT1 专业知识技能	GGT2 时间管理	GGT3 抗压力	GGT4 积极正面	GGT5 影响能力	GGT6 主动性	GGT7 价值观	GGT8 共情力	GGT9 组织敏感性
Y1 职位级别	相关系数	0.185**	0.075	0.082	0.164**	0.165**	0.162**	0.141*	0.118*	0.051
	显著性（双尾）	0.001	0.182	0.147	0.004	0.003	0.004	0.012	0.037	0.372
	N	314	314	314	314	314	314	314	314	314
Y2 收入	相关系数	0.101	0.072	0.079	0.093	0.185**	0.228**	0.149**	0.171**	0.145*
	显著性（双尾）	0.073	0.206	0.163	0.101	0.001	0.000	0.008	0.002	0.010
	N	314	314	314	314	314	314	314	314	314
Y3 幸福感	相关系数	0.412**	0.390**	0.404**	0.206**	0.403**	0.291**	0.245**	0.355**	0.267**
	显著性（双尾）	0.000	0.000	0.000	0.000	0.000	0.000	0.000	0.000	0.000
	N	314	314	314	314	314	314	314	314	314
GXB1 格局气度	相关系数	0.291**	0.367**	0.611**	0.304**	0.427**	0.352**	0.290**	0.337**	0.235**
	显著性（双尾）	0.000	0.000	0.000	0.000	0.000	0.000	0.000	0.000	0.000
	N	314	314	314	314	314	314	314	314	314

（续表）

		GGT1 专业知识技能	GGT2 时间管理	GGT3 抗压力	GGT4 积极正面	GGT5 影响能力	GGT6 主动性	GGT7 价值观	GGT8 共情力	GGT9 组织敏感性
GXB2 情绪管理	相关系数	0.351**	0.393**	0.603**	0.314**	0.422**	0.356**	0.296**	0.357**	0.251**
	显著性（双尾）	0.000	0.000	0.000	0.000	0.000	0.000	0.000	0.000	0.000
	N	314	314	314	314	314	314	314	314	314
GXB3 灵活性	相关系数	0.331**	0.327**	0.430**	0.449**	0.575**	0.493**	0.330**	0.497**	0.361**
	显著性（双尾）	0.000	0.000	0.000	0.000	0.000	0.000	0.000	0.000	0.000
	N	314	314	314	314	314	314	314	314	314
GXB4 怀孕生育	相关系数	0.100	−0.069	−0.092	0.037	−0.027	0.016	−0.065	−0.058	0.008
	显著性（双尾）	0.116	0.283	0.151	0.566	0.669	0.808	0.312	0.364	0.895
	N	247	247	247	247	247	247	247	247	247
GXB5 生育规划	相关系数	0.090	0.096	0.057	0.111*	0.112*	0.163**	0.046	0.021	0.103
	显著性（双尾）	0.111	0.089	0.311	0.049	0.048	0.004	0.418	0.716	0.068
	N	314	314	314	314	314	314	314	314	314
GCJ1 成就导向	相关系数	0.413**	0.526**	0.455**	0.498**	0.487**	0.580**	0.438**	0.376**	0.358**
	显著性（双尾）	0.000	0.000	0.000	0.000	0.000	0.000	0.000	0.000	0.000
	N	314	314	314	314	314	314	314	314	314
GGT1 专业知识技能	相关系数	1	0.495**	0.415**	0.344**	0.366**	0.380**	0.281**	0.347**	0.183**
	显著性（双尾）		0.000	0.000	0.000	0.000	0.000	0.000	0.000	0.001
	N	314	314	314	314	314	314	314	314	314
GGT2 时间管理	相关系数	0.495**	1	0.489**	0.400**	0.416**	0.392**	0.355**	0.438**	0.305**
	显著性（双尾）	0.000		0.000	0.000	0.000	0.000	0.000	0.000	0.000
	N	314	314	314	314	314	314	314	314	314
GGT3 抗压力	相关系数	0.415**	0.489**	1	0.412**	0.452**	0.440**	0.415**	0.450**	0.398**
	显著性（双尾）	0.000	0.000		0.000	0.000	0.000	0.000	0.000	0.000
	N	314	314	314	314	314	314	314	314	314

（续表）

		GGT1 专业知识技能	GGT2 时间管理	GGT3 抗压力	GGT4 积极正面	GGT5 影响能力	GGT6 主动性	GGT7 价值观	GGT8 共情力	GGT9 组织敏感性
GGT4 积极正面	相关系数	0.344**	0.400**	0.412**	1	0.436**	0.377**	0.344**	0.394**	0.260**
	显著性（双尾）	0.000	0.000	0.000		0.000	0.000	0.000	0.000	0.000
	N	314	314	314	314	314	314	314	314	314
GGT5 影响能力	相关系数	0.366**	0.416**	0.452**	0.436**	1	0.645**	0.401**	0.482**	0.369**
	显著性（双尾）	0.000	0.000	0.000	0.000		0.000	0.000	0.000	0.000
	N	314	314	314	314	314	314	314	314	314
GGT6 主动性	相关系数	0.380**	0.392**	0.440**	0.377**	0.645**	1	0.380**	0.435**	0.430**
	显著性（双尾）	0.000	0.000	0.000	0.000	0.000		0.000	0.000	0.000
	N	314	314	314	314	314	314	314	314	314
GGT7 价值观	相关系数	0.281**	0.355**	0.415**	0.344**	0.401**	0.380**	1	0.447**	0.379**
	显著性（双尾）	0.000	0.000	0.000	0.000	0.000	0.000		0.000	0.000
	N	314	314	314	314	314	314	314	314	314
GGT8 共情力	相关系数	0.347**	0.438**	0.450**	0.394**	0.482**	0.435**	0.447**	1	0.519**
	显著性（双尾）	0.000	0.000	0.000	0.000	0.000	0.000	0.000		0.000
	N	314	314	314	314	314	314	314	314	314
GGT9 组织敏感性	相关系数	0.183**	0.305**	0.398**	0.260**	0.369**	0.430**	0.379**	0.519**	1
	显著性（双尾）	0.001	0.000	0.000	0.000	0.000	0.000	0.000	0.000	
	N	314	314	314	314	314	314	314	314	314
GGT10 献身组织精神	相关系数	0.186**	0.228**	0.314**	0.380**	0.398**	0.341**	0.314**	0.366**	0.270**
	显著性（双尾）	0.001	0.000	0.000	0.000	0.000	0.000	0.000	0.000	0.000
	N	314	314	314	314	314	314	314	314	314
GGT11 同事关系	相关系数	0.189**	0.356**	0.290**	0.292**	0.352**	0.245**	0.371**	0.395**	0.321**
	显著性（双尾）	0.001	0.000	0.000	0.000	0.000	0.000	0.000	0.000	0.000
	N	314	314	314	314	314	314	314	314	314

（续表）

		GGT1 专业知识技能	GGT2 时间管理	GGT3 抗压力	GGT4 积极正面	GGT5 影响能力	GGT6 主动性	GGT7 价值观	GGT8 共情力	GGT9 组织敏感性
GGT12 自信	相关系数	0.333**	0.430**	0.455**	0.431**	0.413**	0.428**	0.487**	0.484**	0.425**
	显著性（双尾）	0.000	0.000	0.000	0.000	0.000	0.000	0.000	0.000	0.000
	N	314	314	314	314	314	314	314	314	314
GGT13 领导能力	相关系数	0.365**	0.470**	0.431**	0.500**	0.544**	0.523**	0.407**	0.466**	0.322**
	显著性（双尾）	0.000	0.000	0.000	0.000	0.000	0.000	0.000	0.000	0.000
	N	314	314	314	314	314	314	314	314	314
GGT14 合作精神	相关系数	0.258**	0.363**	0.364**	0.435**	0.421**	0.302**	0.287**	0.435**	0.343**
	显著性（双尾）	0.000	0.000	0.000	0.000	0.000	0.000	0.000	0.000	0.000
	N	314	314	314	314	314	314	314	314	314
GGT15 创新	相关系数	0.388**	0.418**	0.419**	0.416**	0.440**	0.476**	0.346**	0.428**	0.391**
	显著性（双尾）	0.000	0.000	0.000	0.000	0.000	0.000	0.000	0.000	0.000
	N	314	314	314	314	314	314	314	314	314
GGT16 人际交往	相关系数	0.272**	0.346**	0.413**	0.451**	0.437**	0.362**	0.360**	0.478**	0.365**
	显著性（双尾）	0.000	0.000	0.000	0.000	0.000	0.000	0.000	0.000	0.000
	N	314	314	314	314	314	314	314	314	314
GGT17 健康	相关系数	0.150**	0.223**	0.362**	0.295**	0.326**	0.245**	0.299**	0.362**	0.280**
	显著性（双尾）	0.008	0.000	0.000	0.000	0.000	0.000	0.000	0.000	0.000
	N	314	314	314	314	314	314	314	314	314
GGT18 外形举止	相关系数	0.268**	0.268**	0.289**	0.295**	0.352**	0.377**	0.338**	0.394**	0.471**
	显著性（双尾）	0.000	0.000	0.000	0.000	0.000	0.000	0.000	0.000	0.000
	N	314	314	314	314	314	314	314	314	314
GGT19 婚育状况	相关系数	0.172**	0.057	0.118*	0.046	0.050	−0.001	0.007	0.015	−0.065
	显著性（双尾）	0.002	0.312	0.036	0.419	0.374	0.981	0.905	0.789	0.248
	N	314	314	314	314	314	314	314	314	314

（续表）

		GGT1 专业知识技能	GGT2 时间管理	GGT3 抗压力	GGT4 积极正面	GGT5 影响能力	GGT6 主动性	GGT7 价值观	GGT8 共情力	GGT9 组织敏感性
GGT20 年龄	相关系数	0.151**	0.085	0.081	0.077	0.072	0.050	0.092	0.049	−0.066
	显著性（双尾）	0.007	0.134	0.150	0.176	0.200	0.381	0.104	0.391	0.242
	N	314	314	314	314	314	314	314	314	314
GXX1 学习能力	相关系数	0.382**	0.418**	0.449**	0.452**	0.382**	0.410**	0.336**	0.421**	0.356**
	显著性（双尾）	0.000	0.000	0.000	0.000	0.000	0.000	0.000	0.000	0.000
	N	314	314	314	314	314	314	314	314	314
GXX2 职业规划	相关系数	0.457**	0.406**	0.481**	0.357**	0.449**	0.424**	0.465**	0.417**	0.367**
	显著性（双尾）	0.000	0.000	0.000	0.000	0.000	0.000	0.000	0.000	0.000
	N	314	314	314	314	314	314	314	314	314
GZY1 关系资源	相关系数	0.206**	0.278**	0.279**	0.230**	0.298**	0.247**	0.262**	0.307**	0.232**
	显著性（双尾）	0.000	0.000	0.000	0.000	0.000	0.000	0.000	0.000	0.000
	N	314	314	314	314	314	314	314	314	314
GZY2 学历	相关系数	−0.073	−0.114*	−0.167**	−0.156**	−0.083	0.001	−0.049	−0.019	−0.025
	显著性（双尾）	0.200	0.043	0.003	0.005	0.142	0.982	0.390	0.734	0.665
	N	314	314	314	314	314	314	314	314	314
JFD1 责任负担	相关系数	0.236**	0.126*	0.103	0.040	0.072	0.033	0.027	0.057	−0.024
	显著性（双尾）	0.000	0.026	0.069	0.477	0.202	0.566	0.638	0.316	0.677
	N	314	314	314	314	314	314	314	314	314
JZC1 家人支持	相关系数	0.199**	0.193**	0.286**	0.219**	0.201**	0.180**	0.366**	0.211**	0.226**
	显著性（双尾）	0.000	0.001	0.000	0.000	0.000	0.001	0.000	0.000	0.000
	N	314	314	314	314	314	314	314	314	314
QHJ1 企业福利	相关系数	0.169**	0.179**	0.251**	0.177**	0.231**	0.167**	0.176**	0.136*	0.115*
	显著性（双尾）	0.003	0.001	0.000	0.002	0.000	0.003	0.002	0.016	0.042
	N	314	314	314	314	314	314	314	314	314

（续表）

		GGT1 专业知识技能	GGT2 时间管理	GGT3 抗压力	GGT4 积极正面	GGT5 影响能力	GGT6 主动性	GGT7 价值观	GGT8 共情力	GGT9 组织敏感性
QHJ2 企业发展	相关系数	0.261**	0.269**	0.288**	0.328**	0.343**	0.286**	0.193**	0.218**	0.210**
	显著性（双尾）	0.000	0.000	0.000	0.000	0.000	0.000	0.001	0.000	0.000
	N	314	314	314	314	314	314	314	314	314
QLD1 领导支持	相关系数	0.175**	0.207**	0.207**	0.255**	0.373**	0.311**	0.251**	0.283**	0.298**
	显著性（双尾）	0.002	0.000	0.000	0.000	0.000	0.000	0.000	0.000	0.000
	N	314	314	314	314	314	314	314	314	314
QLD2 职业导师	相关系数	0.098	0.110	0.137*	0.163**	0.157**	0.149**	0.151**	0.053	0.076
	显著性（双尾）	0.083	0.051	0.015	0.004	0.005	0.008	0.007	0.349	0.181
	N	314	314	314	314	314	314	314	314	314
SWH1 性别歧视	相关系数	−0.080	−0.130*	−0.203**	−0.139*	−0.203**	−0.126*	−0.187**	−0.164**	−0.223**
	显著性（双尾）	0.158	0.021	0.000	0.014	0.000	0.025	0.001	0.003	0.000
	N	314	314	314	314	314	314	314	314	314
SWH2 传统观念	相关系数	−0.197**	−0.184**	−0.247**	−0.215**	−0.132*	−0.105	−0.342**	−0.196**	−0.311**
	显著性（双尾）	0.000	0.001	0.000	0.000	0.020	0.064	0.000	0.000	0.000
	N	314	314	314	314	314	314	314	314	314
SHJ1 新技术应用和发展	相关系数	0.169**	0.234**	0.175**	0.159**	0.361**	0.314**	0.283**	0.278**	0.335**
	显著性（双尾）	0.003	0.000	0.002	0.005	0.000	0.000	0.000	0.000	0.000
	N	314	314	314	314	314	314	314	314	314

		GGT10 献身组织精神	GGT11 同事关系	GGT12 自信	GGT13 领导能力	GGT14 合作精神	GGT15 创新	GGT16 人际交往	GGT17 健康	GGT18 外形举止
Y1 职位级别	相关系数	0.138*	−0.020	0.162**	0.327**	0.075	0.181**	0.079	−0.007	−0.005
	显著性（双尾）	0.015	0.728	0.004	0.000	0.186	0.001	0.161	0.899	0.927
	N	314	314	314	314	314	314	314	314	314

（续表）

		GGT10 献身组织精神	GGT11 同事关系	GGT12 自信	GGT13 领导能力	GGT14 合作精神	GGT15 创新	GGT16 人际交往	GGT17 健康	GGT18 外形举止
Y2 收入	相关系数	0.134*	−0.060	0.190**	0.278**	0.033	0.096	0.118*	0.009	0.073
	显著性（双尾）	0.018	0.289	0.001	0.000	0.565	0.088	0.036	0.870	0.197
	N	314	314	314	314	314	314	314	314	314
Y3 幸福感	相关系数	0.283**	0.307**	0.269**	0.294**	0.282**	0.254**	0.242**	0.284**	0.244**
	显著性（双尾）	0.000	0.000	0.000	0.000	0.000	0.000	0.000	0.000	0.000
	N	314	314	314	314	314	314	314	314	314
GXB1 格局气度	相关系数	0.281**	0.321**	0.348**	0.376**	0.351**	0.333**	0.403**	0.357**	0.242**
	显著性（双尾）	0.000	0.000	0.000	0.000	0.000	0.000	0.000	0.000	0.000
	N	314	314	314	314	314	314	314	314	314
GXB2 情绪管理	相关系数	0.293**	0.348**	0.333**	0.446**	0.354**	0.400**	0.309**	0.326**	0.252**
	显著性（双尾）	0.000	0.000	0.000	0.000	0.000	0.000	0.000	0.000	0.000
	N	314	314	314	314	314	314	314	314	314
GXB3 灵活性	相关系数	0.307**	0.422**	0.492**	0.428**	0.416**	0.428**	0.465**	0.374**	0.343**
	显著性（双尾）	0.000	0.000	0.000	0.000	0.000	0.000	0.000	0.000	0.000
	N	314	314	314	314	314	314	314	314	314
GXB4 怀孕生育	相关系数	0.048	−0.070	0.007	−0.061	−0.077	−0.071	−0.028	−0.078	−0.066
	显著性（双尾）	0.451	0.274	0.919	0.342	0.226	0.263	0.663	0.221	0.301
	N	247	247	247	247	247	247	247	247	247
GXB5 生育规划	相关系数	0.169**	0.001	0.070	0.104	0.004	0.094	0.059	0.244**	0.139*
	显著性（双尾）	0.003	0.986	0.216	0.067	0.949	0.097	0.294	0.000	0.014
	N	314	314	314	314	314	314	314	314	314
GCJ1 成就导向	相关系数	0.408**	0.297**	0.585**	0.482**	0.410**	0.559**	0.401**	0.330**	0.332**
	显著性（双尾）	0.000	0.000	0.000	0.000	0.000	0.000	0.000	0.000	0.000
	N	314	314	314	314	314	314	314	314	314

（续表）

		GGT10 献身组织精神	GGT11 同事关系	GGT12 自信	GGT13 领导能力	GGT14 合作精神	GGT15 创新	GGT16 人际交往	GGT17 健康	GGT18 外形举止
GGT1 专业知识技能	相关系数	0.186**	0.189**	0.333**	0.365**	0.258**	0.388**	0.272**	0.150**	0.268**
	显著性（双尾）	0.001	0.001	0.000	0.000	0.000	0.000	0.000	0.008	0.000
	N	314	314	314	314	314	314	314	314	314
GGT2 时间管理	相关系数	0.228**	0.356**	0.430**	0.470**	0.363**	0.418**	0.346**	0.223**	0.268**
	显著性（双尾）	0.000	0.000	0.000	0.000	0.000	0.000	0.000	0.000	0.000
	N	314	314	314	314	314	314	314	314	314
GGT3 抗压力	相关系数	0.314**	0.290**	0.455**	0.431**	0.364**	0.419**	0.413**	0.362**	0.289**
	显著性（双尾）	0.000	0.000	0.000	0.000	0.000	0.000	0.000	0.000	0.000
	N	314	314	314	314	314	314	314	314	314
GGT4 积极正面	相关系数	0.380**	0.292**	0.431**	0.500**	0.435**	0.416**	0.451**	0.295**	0.295**
	显著性（双尾）	0.000	0.000	0.000	0.000	0.000	0.000	0.000	0.000	0.000
	N	314	314	314	314	314	314	314	314	314
GGT5 影响能力	相关系数	0.398**	0.352**	0.413**	0.544**	0.421**	0.440**	0.437**	0.326**	0.352**
	显著性（双尾）	0.000	0.000	0.000	0.000	0.000	0.000	0.000	0.000	0.000
	N	314	314	314	314	314	314	314	314	314
GGT6 主动性	相关系数	0.341**	0.245**	0.428**	0.523**	0.302**	0.476**	0.362**	0.245**	0.377**
	显著性（双尾）	0.000	0.000	0.000	0.000	0.000	0.000	0.000	0.000	0.000
	N	314	314	314	314	314	314	314	314	314
GGT7 价值观	相关系数	0.314**	0.371**	0.487**	0.407**	0.287**	0.346**	0.360**	0.299**	0.338**
	显著性（双尾）	0.000	0.000	0.000	0.000	0.000	0.000	0.000	0.000	0.000
	N	314	314	314	314	314	314	314	314	314
GGT8 共情力	相关系数	0.366**	0.395**	0.484**	0.466**	0.435**	0.428**	0.478**	0.362**	0.394**
	显著性（双尾）	0.000	0.000	0.000	0.000	0.000	0.000	0.000	0.000	0.000
	N	314	314	314	314	314	314	314	314	314

（续表）

		GGT10 献身组织精神	GGT11 同事关系	GGT12 自信	GGT13 领导能力	GGT14 合作精神	GGT15 创新	GGT16 人际交往	GGT17 健康	GGT18 外形举止
GGT9 组织敏感性	相关系数	0.270**	0.321**	0.425**	0.322**	0.343**	0.391**	0.365**	0.280**	0.471**
	显著性（双尾）	0.000	0.000	0.000	0.000	0.000	0.000	0.000	0.000	0.000
	N	314	314	314	314	314	314	314	314	314
GGT10 献身组织精神	相关系数	1	0.358**	0.412**	0.363**	0.264**	0.262**	0.316**	0.414**	0.238**
	显著性（双尾）		0.000	0.000	0.000	0.000	0.000	0.000	0.000	0.000
	N	314	314	314	314	314	314	314	314	314
GGT11 同事关系	相关系数	0.358**	1	0.468**	0.374**	0.458**	0.382**	0.409**	0.364**	0.348**
	显著性（双尾）	0.000		0.000	0.000	0.000	0.000	0.000	0.000	0.000
	N	314	314	314	314	314	314	314	314	314
GGT12 自信	相关系数	0.412**	0.468**	1	0.554**	0.503**	0.512**	0.450**	0.357**	0.414**
	显著性（双尾）	0.000	0.000		0.000	0.000	0.000	0.000	0.000	0.000
	N	314	314	314	314	314	314	314	314	314
GGT13 领导能力	相关系数	0.363**	0.374**	0.554**	1	0.451**	0.489**	0.451**	0.363**	0.387**
	显著性（双尾）	0.000	0.000	0.000		0.000	0.000	0.000	0.000	0.000
	N	314	314	314	314	314	314	314	314	314
GGT14 合作精神	相关系数	0.264**	0.458**	0.503**	0.451**	1	0.532**	0.556**	0.311**	0.388**
	显著性（双尾）	0.000	0.000	0.000	0.000		0.000	0.000	0.000	0.000
	N	314	314	314	314	314	314	314	314	314
GGT15 创新	相关系数	0.262**	0.382**	0.512**	0.489**	0.532**	1	0.506**	0.378**	0.442**
	显著性（双尾）	0.000	0.000	0.000	0.000	0.000		0.000	0.000	0.000
	N	314	314	314	314	314	314	314	314	314
GGT16 人际交往	相关系数	0.316**	0.409**	0.450**	0.451**	0.556**	0.506**	1	0.409**	0.481**
	显著性（双尾）	0.000	0.000	0.000	0.000	0.000	0.000		0.000	0.000
	N	314	314	314	314	314	314	314	314	314

（续表）

		GGT10 献身组织精神	GGT11 同事关系	GGT12 自信	GGT13 领导能力	GGT14 合作精神	GGT15 创新	GGT16 人际交往	GGT17 健康	GGT18 外形举止
GGT17 健康	相关系数	0.414**	0.364**	0.357**	0.363**	0.311**	0.378**	0.409**	1	0.288**
	显著性（双尾）	0.000	0.000	0.000	0.000	0.000	0.000	0.000		0.000
	N	314	314	314	314	314	314	314	314	314
GGT18 外形举止	相关系数	0.238**	0.348**	0.414**	0.387**	0.388**	0.442**	0.481**	0.288**	1
	显著性（双尾）	0.000	0.000	0.000	0.000	0.000	0.000	0.000	0.000	
	N	314	314	314	314	314	314	314	314	314
GGT19 婚育状况	相关系数	0.082	−0.003	0.043	0.070	−0.005	−0.021	0.039	−0.062	−0.081
	显著性（双尾）	0.145	0.963	0.446	0.214	0.927	0.717	0.496	0.275	0.155
	N	314	314	314	314	314	314	314	314	314
GGT20 年龄	相关系数	0.080	0.007	−0.006	0.147**	0.098	0.073	0.005	−0.095	−0.067
	显著性（双尾）	0.157	0.903	0.910	0.009	0.083	0.195	0.933	0.094	0.238
	N	314	314	314	314	314	314	314	314	314
GXX1 学习能力	相关系数	0.238**	0.399**	0.492**	0.456**	0.621**	0.723**	0.554**	0.371**	0.455**
	显著性（双尾）	0.000	0.000	0.000	0.000	0.000	0.000	0.000	0.000	0.000
	N	314	314	314	314	314	314	314	314	314
GXX2 职业规划	相关系数	0.282**	0.402**	0.467**	0.445**	0.379**	0.485**	0.432**	0.424**	0.478**
	显著性（双尾）	0.000	0.000	0.000	0.000	0.000	0.000	0.000	0.000	0.000
	N	314	314	314	314	314	314	314	314	314
GZY1 关系资源	相关系数	0.207**	0.247**	0.274**	0.299**	0.223**	0.237**	0.308**	0.286**	0.409**
	显著性（双尾）	0.000	0.000	0.000	0.000	0.000	0.000	0.000	0.000	0.000
	N	314	314	314	314	314	314	314	314	314
GZY2 学历	相关系数	−0.163**	−0.143*	−0.033	0.047	−0.099	−0.005	−0.082	−0.095	−0.061
	显著性（双尾）	0.004	0.011	0.563	0.410	0.080	0.930	0.146	0.095	0.282
	N	314	314	314	314	314	314	314	314	314

（续表）

		GGT10 献身组织精神	GGT11 同事关系	GGT12 自信	GGT13 领导能力	GGT14 合作精神	GGT15 创新	GGT16 人际交往	GGT17 健康	GGT18 外形举止
JFD1 责任负担	相关系数	0.021	0.107	0.029	0.045	−0.012	0.066	0.064	−0.009	0.060
	显著性（双尾）	0.713	0.059	0.611	0.430	0.829	0.244	0.255	0.870	0.291
	N	314	314	314	314	314	314	314	314	314
JZC1 家人支持	相关系数	0.174**	0.284**	0.239**	0.277**	0.253**	0.342**	0.287**	0.291**	0.278**
	显著性（双尾）	0.002	0.000	0.000	0.000	0.000	0.000	0.000	0.000	0.000
	N	314	314	314	314	314	314	314	314	314
QHJ1 企业福利	相关系数	0.194**	0.250**	0.220**	0.260**	0.149**	0.211**	0.171**	0.230**	0.210**
	显著性（双尾）	0.001	0.000	0.000	0.000	0.008	0.000	0.002	0.000	0.000
	N	314	314	314	314	314	314	314	314	314
QHJ2 企业发展	相关系数	0.328**	0.297**	0.305**	0.348**	0.249**	0.342**	0.219**	0.316**	0.252**
	显著性（双尾）	0.000	0.000	0.000	0.000	0.000	0.000	0.000	0.000	0.000
	N	314	314	314	314	314	314	314	314	314
QLD1 领导支持	相关系数	0.321**	0.311**	0.236**	0.378**	0.248**	0.267**	0.271**	0.277**	0.334**
	显著性（双尾）	0.000	0.000	0.000	0.000	0.000	0.000	0.000	0.000	0.000
	N	314	314	314	314	314	314	314	314	314
QLD2 职业导师	相关系数	0.214**	0.153**	0.123*	0.218**	0.037	0.099	0.080	0.211**	0.097
	显著性（双尾）	0.000	0.007	0.030	0.000	0.518	0.079	0.156	0.000	0.086
	N	314	314	314	314	314	314	314	314	314
SWH1 性别歧视	相关系数	−0.262**	−0.278**	−0.252**	−0.273**	−0.206**	−0.216**	−0.215**	−0.239**	−0.293**
	显著性（双尾）	0.000	0.000	0.000	0.000	0.000	0.000	0.000	0.000	0.000
	N	314	314	314	314	314	314	314	314	314
SWH2 传统观念	相关系数	−0.200**	−0.287**	−0.379**	−0.152**	−0.241**	−0.252**	−0.217**	−0.180**	−0.324**
	显著性（双尾）	0.000	0.000	0.000	0.007	0.000	0.000	0.000	0.001	0.000
	N	314	314	314	314	314	314	314	314	314

（续表）

		GGT10 献身组织精神	GGT11 同事关系	GGT12 自信	GGT13 领导能力	GGT14 合作精神	GGT15 创新	GGT16 人际交往	GGT17 健康	GGT18 外形举止
SHJ1 新技术应用和发展	相关系数	0.246**	0.284**	0.305**	0.294**	0.252**	0.338**	0.257**	0.216**	0.333**
	显著性（双尾）	0.000	0.000	0.000	0.000	0.000	0.000	0.000	0.000	0.000
	N	314	314	314	314	314	314	314	314	314

		GGT19 婚育状况	GGT20 年龄	GXX1 学习能力	GXX2 职业规划	GZY1 关系资源	GZY2 学历	JFD1 责任负担	JZC1 家人支持	QHJ1 企业福利
Y1 职位级别	相关系数	0.189**	0.306**	0.141*	0.131*	0.006	0.117*	0.054	0.021	0.085
	显著性（双尾）	0.001	0.000	0.012	0.020	0.921	0.038	0.344	0.709	0.131
	N	314	314	314	314	314	314	314	314	314
Y2 收入	相关系数	0.134*	0.151**	0.048	0.133*	0.114*	0.253**	−0.082	0.023	0.087
	显著性（双尾）	0.017	0.007	0.396	0.018	0.044	0.000	0.149	0.686	0.124
	N	314	314	314	314	314	314	314	314	314
Y3 幸福感	相关系数	0.072	0.062	0.245**	0.366**	0.266**	−0.124*	0.064	0.266**	0.270**
	显著性（双尾）	0.201	0.272	0.000	0.000	0.000	0.028	0.260	0.000	0.000
	N	314	314	314	314	314	314	314	314	314
GXB1 格局气度	相关系数	0.158**	0.153**	0.342**	0.384**	0.281**	−0.203**	0.039	0.234**	0.210**
	显著性（双尾）	0.005	0.007	0.000	0.000	0.000	0.000	0.493	0.000	0.000
	N	314	314	314	314	314	314	314	314	314
GXB2 情绪管理	相关系数	0.058	0.140*	0.401**	0.426**	0.260**	−0.194**	0.024	0.255**	0.160**
	显著性（双尾）	0.303	0.013	0.000	0.000	0.000	0.001	0.666	0.000	0.005
	N	314	314	314	314	314	314	314	314	314
GXB3 灵活性	相关系数	0.052	0.011	0.386**	0.383**	0.251**	−0.149**	0.021	0.200**	0.177**
	显著性（双尾）	0.357	0.840	0.000	0.000	0.000	0.008	0.713	0.000	0.002
	N	314	314	314	314	314	314	314	314	314

（续表）

		GGT19 婚育状况	GGT20 年龄	GXX1 学习能力	GXX2 职业规划	GZY1 关系资源	GZY2 学历	JFD1 责任负担	JZC1 家人支持	QHJ1 企业福利
GXB4 怀孕生育	相关系数	−0.108	−0.151*	−0.083	−0.109	0.074	0.025	0.334**	−0.084	0.075
	显著性（双尾）	0.090	0.018	0.194	0.086	0.244	0.691	0.000	0.186	0.238
	N	247	247	247	247	247	247	247	247	247
GXB5 生育规划	相关系数	−0.236**	−0.202**	0.057	0.110	0.221**	0.005	0.215**	0.042	0.186**
	显著性（双尾）	0.000	0.000	0.314	0.052	0.000	0.923	0.000	0.454	0.001
	N	314	314	314	314	314	314	314	314	314
GCJ1 成就导向	相关系数	0.014	−0.011	0.530**	0.491**	0.290**	−0.055	0.056	0.225**	0.164**
	显著性（双尾）	0.799	0.845	0.000	0.000	0.000	0.331	0.320	0.000	0.003
	N	314	314	314	314	314	314	314	314	314
GGT1 专业知识技能	相关系数	0.172**	0.151**	0.382**	0.457**	0.206**	−0.073	0.236**	0.199**	0.169**
	显著性（双尾）	0.002	0.007	0.000	0.000	0.000	0.200	0.000	0.000	0.003
	N	314	314	314	314	314	314	314	314	314
GGT2 时间管理	相关系数	0.057	0.085	0.418**	0.406**	0.278**	−0.114*	0.126*	0.193**	0.179**
	显著性（双尾）	0.312	0.134	0.000	0.000	0.000	0.043	0.026	0.001	0.001
	N	314	314	314	314	314	314	314	314	314
GGT3 抗压力	相关系数	0.118*	0.081	0.449**	0.481**	0.279**	−0.167**	0.103	0.286**	0.251**
	显著性（双尾）	0.036	0.150	0.000	0.000	0.000	0.003	0.069	0.000	0.000
	N	314	314	314	314	314	314	314	314	314
GGT4 积极正面	相关系数	0.046	0.077	0.452**	0.357**	0.230**	−0.156**	0.040	0.219**	0.177**
	显著性（双尾）	0.419	0.176	0.000	0.000	0.000	0.005	0.477	0.000	0.002
	N	314	314	314	314	314	314	314	314	314
GGT5 影响能力	相关系数	0.050	0.072	0.382**	0.449**	0.298**	−0.083	0.072	0.201**	0.231**
	显著性（双尾）	0.374	0.200	0.000	0.000	0.000	0.142	0.202	0.000	0.000
	N	314	314	314	314	314	314	314	314	314

（续表）

		GGT19 婚育状况	GGT20 年龄	GXX1 学习能力	GXX2 职业规划	GZY1 关系资源	GZY2 学历	JFD1 责任负担	JZC1 家人支持	QHJ1 企业福利
GGT6 主动性	相关系数	−0.001	0.050	0.410**	0.424**	0.247**	0.001	0.033	0.180**	0.167**
	显著性（双尾）	0.981	0.381	0.000	0.000	0.000	0.982	0.566	0.001	0.003
	N	314	314	314	314	314	314	314	314	314
GGT7 价值观	相关系数	0.007	0.092	0.336**	0.465**	0.262**	−0.049	0.027	0.366**	0.176**
	显著性（双尾）	0.905	0.104	0.000	0.000	0.000	0.390	0.638	0.000	0.002
	N	314	314	314	314	314	314	314	314	314
GGT8 共情力	相关系数	0.015	0.049	0.421**	0.417**	0.307**	−0.019	0.057	0.211**	0.136*
	显著性（双尾）	0.789	0.391	0.000	0.000	0.000	0.734	0.316	0.000	0.016
	N	314	314	314	314	314	314	314	314	314
GGT9 组织敏感性	相关系数	−0.065	−0.066	0.356**	0.367**	0.232**	−0.025	−0.024	0.226**	0.115*
	显著性（双尾）	0.248	0.242	0.000	0.000	0.000	0.665	0.677	0.000	0.042
	N	314	314	314	314	314	314	314	314	314
GGT10 献身组织精神	相关系数	0.082	0.080	0.238**	0.282**	0.207**	−0.163**	0.021	0.174**	0.194**
	显著性（双尾）	0.145	0.157	0.000	0.000	0.000	0.004	0.713	0.002	0.001
	N	314	314	314	314	314	314	314	314	314
GGT11 同事关系	相关系数	−0.003	0.007	0.399**	0.402**	0.247**	−0.143*	0.107	0.284**	0.250**
	显著性（双尾）	0.963	0.903	0.000	0.000	0.000	0.011	0.059	0.000	0.000
	N	314	314	314	314	314	314	314	314	314
GGT12 自信	相关系数	0.043	−0.006	0.492**	0.467**	0.274**	−0.033	0.029	0.239**	0.220**
	显著性（双尾）	0.446	0.910	0.000	0.000	0.000	0.563	0.611	0.000	0.000
	N	314	314	314	314	314	314	314	314	314
GGT13 领导能力	相关系数	0.070	0.147**	0.456**	0.445**	0.299**	0.047	0.045	0.277**	0.260**
	显著性（双尾）	0.214	0.009	0.000	0.000	0.000	0.410	0.430	0.000	0.000
	N	314	314	314	314	314	314	314	314	314

（续表）

		GGT19 婚育 状况	GGT20 年龄	GXX1 学习 能力	GXX2 职业 规划	GZY1 关系 资源	GZY2 学历	JFD1 责任 负担	JZC1 家人 支持	QHJ1 企业 福利
GGT14 合作 精神	相关系数	−0.005	0.098	0.621**	0.379**	0.223**	−0.099	−0.012	0.253**	0.149**
	显著性（双尾）	0.927	0.083	0.000	0.000	0.000	0.080	0.829	0.000	0.008
	N	314	314	314	314	314	314	314	314	314
GGT15 创新	相关系数	−0.021	0.073	0.723**	0.485**	0.237**	−0.005	0.066	0.342**	0.211**
	显著性（双尾）	0.717	0.195	0.000	0.000	0.000	0.930	0.244	0.000	0.000
	N	314	314	314	314	314	314	314	314	314
GGT16 人际 交往	相关系数	0.039	0.005	0.554**	0.432**	0.308**	−0.082	0.064	0.287**	0.171**
	显著性（双尾）	0.496	0.933	0.000	0.000	0.000	0.146	0.255	0.000	0.002
	N	314	314	314	314	314	314	314	314	314
GGT17 健康	相关系数	−0.062	−0.095	0.371**	0.424**	0.286**	−0.095	−0.009	0.291**	0.230**
	显著性（双尾）	0.275	0.094	0.000	0.000	0.000	0.095	0.870	0.000	0.000
	N	314	314	314	314	314	314	314	314	314
GGT18 外形 举止	相关系数	−0.081	−0.067	0.455**	0.478**	0.409**	−0.061	0.060	0.278**	0.210**
	显著性（双尾）	0.155	0.238	0.000	0.000	0.000	0.282	0.291	0.000	0.000
	N	314	314	314	314	314	314	314	314	314
GGT19 婚育 状况	相关系数	1	0.461**	0.068	0.007	−0.050	−0.218**	0.226**	−0.057	−0.037
	显著性（双尾）		0.000	0.230	0.907	0.382	0.000	0.000	0.315	0.508
	N	314	314	314	314	314	314	314	314	314
GGT20 年龄	相关系数	0.461**	1	0.100	0.005	−0.067	−0.254**	0.151**	0.084	−0.002
	显著性（双尾）	0.000		0.076	0.932	0.237	0.000	0.007	0.136	0.969
	N	314	314	314	314	314	314	314	314	314
GXX1 学习 能力	相关系数	0.068	0.100	1	0.494**	0.250**	−0.066	0.040	0.321**	0.164**
	显著性（双尾）	0.230	0.076		0.000	0.000	0.246	0.475	0.000	0.004
	N	314	314	314	314	314	314	314	314	314

(续表)

		GGT19 婚育状况	GGT20 年龄	GXX1 学习能力	GXX2 职业规划	GZY1 关系资源	GZY2 学历	JFD1 责任负担	JZC1 家人支持	QHJ1 企业福利
GXX2 职业规划	相关系数	0.007	0.005	0.494**	1	0.411**	−0.092	0.030	0.375**	0.262**
	显著性（双尾）	0.907	0.932	0.000		0.000	0.105	0.592	0.000	0.000
	N	314	314	314	314	314	314	314	314	314
GZY1 关系资源	相关系数	−0.050	−0.067	0.250**	0.411**	1	−0.059	0.108	0.228**	0.258**
	显著性（双尾）	0.382	0.237	0.000	0.000		0.300	0.055	0.000	0.000
	N	314	314	314	314	314	314	314	314	314
GZY2 学历	相关系数	−0.218**	−0.254**	−0.066	−0.092	−0.059	1	−0.044	0.075	0.063
	显著性（双尾）	0.000	0.000	0.246	0.105	0.300		0.441	0.188	0.267
	N	314	314	314	314	314	314	314	314	314
JFD1 责任承担	相关系数	0.226**	0.151**	0.040	0.030	0.108	−0.044	1	−0.052	0.185**
	显著性（双尾）	0.000	0.007	0.475	0.592	0.055	0.441		0.354	0.001
	N	314	314	314	314	314	314	314	314	314
JZC1 家人支持	相关系数	−0.057	0.084	0.321**	0.375**	0.228**	0.075	−0.052	1	0.373**
	显著性（双尾）	0.315	0.136	0.000	0.000	0.000	0.188	0.354		0.000
	N	314	314	314	314	314	314	314	314	314
QHJ1 企业福利	相关系数	−0.037	−0.002	0.164**	0.262**	0.258**	0.063	0.185**	0.373**	1
	显著性（双尾）	0.508	0.969	0.004	0.000	0.000	0.267	0.001	0.000	
	N	314	314	314	314	314	314	314	314	314
QHJ2 企业发展	相关系数	0.004	0.019	0.244**	0.384**	0.231**	−0.027	0.112*	0.328**	0.506**
	显著性（双尾）	0.939	0.738	0.000	0.000	0.000	0.635	0.047	0.000	0.000
	N	314	314	314	314	314	314	314	314	314
QLD1 领导支持	相关系数	−0.128*	−0.100	0.237**	0.339**	0.275**	0.050	0.092	0.354**	0.565**
	显著性（双尾）	0.023	0.075	0.000	0.000	0.000	0.381	0.102	0.000	0.000
	N	314	314	314	314	314	314	314	314	314

（续表）

		GGT19 婚育状况	GGT20 年龄	GXX1 学习能力	GXX2 职业规划	GZY1 关系资源	GZY2 学历	JFD1 责任负担	JZC1 家人支持	QHJ1 企业福利
QLD2 职业导师	相关系数	0.003	−0.035	0.102	0.177**	0.313**	0.012	0.251**	0.166**	0.384**
	显著性（双尾）	0.964	0.531	0.071	0.002	0.000	0.838	0.000	0.003	0.000
	N	314	314	314	314	314	314	314	314	314
SWH1 性别歧视	相关系数	−0.055	−0.098	−0.148**	−0.211**	−0.228**	0.154**	−0.113*	−0.169**	−0.305**
	显著性（双尾）	0.330	0.084	0.009	0.000	0.000	0.006	0.045	0.003	0.000
	N	314	314	314	314	314	314	314	314	314
SWH2 传统观念	相关系数	0.119*	0.057	−0.204**	−0.310**	−0.181**	0.094	0.052	−0.329**	−0.110
	显著性（双尾）	0.035	0.314	0.000	0.000	0.001	0.096	0.359	0.000	0.051
	N	314	314	314	314	314	314	314	314	314
SHJ1 新技术应用和发展	相关系数	−0.073	0.020	0.259**	0.327**	0.282**	0.036	0.027	0.262**	0.252**
	显著性（双尾）	0.199	0.727	0.000	0.000	0.000	0.525	0.637	0.000	0.000
	N	314	314	314	314	314	314	314	314	314

		QHJ2 企业发展	QLD1 领导支持	QLD2 职业导师	SWH1 性别歧视	SWH2 传统观念	SHJ1 新技术应用和发展
Y1 职位级别	相关系数	0.106	0.062	−0.016	−0.130*	−0.041	0.079
	显著性（双尾）	0.060	0.276	0.773	0.021	0.473	0.165
	N	314	314	314	314	314	314
Y2 收入	相关系数	0.132*	0.120*	−0.027	−0.070	−0.031	0.129*
	显著性（双尾）	0.019	0.034	0.632	0.219	0.586	0.022
	N	314	314	314	314	314	314
Y3 幸福感	相关系数	0.296**	0.254**	0.178**	−0.207**	−0.140*	0.216**
	显著性（双尾）	0.000	0.000	0.002	0.000	0.013	0.000
	N	314	314	314	314	314	314

（续表）

		QHJ2 企业发展	QLD1 领导支持	QLD2 职业导师	SWH1 性别歧视	SWH2 传统观念	SHJ1 新技术应用和发展
GXB1 格局气度	相关系数	0.209**	0.166**	0.128*	−0.264**	−0.102	0.190**
	显著性（双尾）	0.000	0.003	0.023	0.000	0.072	0.001
	N	314	314	314	314	314	314
GXB2 情绪管理	相关系数	0.188**	0.198**	0.189**	−0.167**	−0.126*	0.173**
	显著性（双尾）	0.001	0.000	0.001	0.003	0.026	0.002
	N	314	314	314	314	314	314
GXB3 灵活性	相关系数	0.312**	0.261**	0.145*	−0.171**	−0.203**	0.250**
	显著性（双尾）	0.000	0.000	0.010	0.002	0.000	0.000
	N	314	314	314	314	314	314
GXB4 怀孕生育	相关系数	0.023	0.080	0.220**	0.240**	0.061	0.095
	显著性（双尾）	0.715	0.209	0.000	0.000	0.343	0.136
	N	247	247	247	247	247	247
GXB5 生育规划	相关系数	0.138*	0.225**	0.277**	−0.016	−0.047	0.072
	显著性（双尾）	0.014	0.000	0.000	0.772	0.405	0.205
	N	314	314	314	314	314	314
GCJ1 成就导向	相关系数	0.359**	0.248**	0.142*	−0.125*	−0.261**	0.314**
	显著性（双尾）	0.000	0.000	0.012	0.027	0.000	0.000
	N	314	314	314	314	314	314
GGT1 专业知识技能	相关系数	0.261**	0.175**	0.098	−0.080	−0.197**	0.169**
	显著性（双尾）	0.000	0.002	0.083	0.158	0.000	0.003
	N	314	314	314	314	314	314
GGT2 时间管理	相关系数	0.269**	0.207**	0.110	−0.130*	−0.184**	0.234**
	显著性（双尾）	0.000	0.000	0.051	0.021	0.001	0.000
	N	314	314	314	314	314	314

（续表）

		QHJ2 企业发展	QLD1 领导支持	QLD2 职业导师	SWH1 性别歧视	SWH2 传统观念	SHJ1 新技术应用和发展
GGT3 抗压力	相关系数	0.288**	0.207**	0.137*	−0.203**	−0.247**	0.175**
	显著性（双尾）	0.000	0.000	0.015	0.000	0.000	0.002
	N	314	314	314	314	314	314
GGT4 积极正面	相关系数	0.328**	0.255**	0.163**	−0.139*	−0.215**	0.159**
	显著性（双尾）	0.000	0.000	0.004	0.014	0.000	0.005
	N	314	314	314	314	314	314
GGT5 影响能力	相关系数	0.343**	0.373**	0.157**	−0.203**	−0.132*	0.361**
	显著性（双尾）	0.000	0.000	0.005	0.000	0.020	0.000
	N	314	314	314	314	314	314
GGT6 主动性	相关系数	0.286**	0.311**	0.149**	−0.126*	−0.105	0.314**
	显著性（双尾）	0.000	0.000	0.008	0.025	0.064	0.000
	N	314	314	314	314	314	314
GGT7 价值观	相关系数	0.193**	0.251**	0.151**	−0.187**	−0.342**	0.283**
	显著性（双尾）	0.001	0.000	0.007	0.001	0.000	0.000
	N	314	314	314	314	314	314
GGT8 共情力	相关系数	0.218**	0.283**	0.053	−0.164**	−0.196**	0.278**
	显著性（双尾）	0.000	0.000	0.349	0.003	0.000	0.000
	N	314	314	314	314	314	314
GGT9 组织敏感性	相关系数	0.210**	0.298**	0.076	−0.223**	−0.311**	0.335**
	显著性（双尾）	0.000	0.000	0.181	0.000	0.000	0.000
	N	314	314	314	314	314	314
GGT10 献身组织精神	相关系数	0.328**	0.321**	0.214**	−0.262**	−0.200**	0.246**
	显著性（双尾）	0.000	0.000	0.000	0.000	0.000	0.000
	N	314	314	314	314	314	314

（续表）

		QHJ2 企业发展	QLD1 领导支持	QLD2 职业导师	SWH1 性别歧视	SWH2 传统观念	SHJ1 新技术应用和发展
GGT11 同事关系	相关系数	0.297**	0.311**	0.153**	−0.278**	−0.287**	0.284**
	显著性（双尾）	0.000	0.000	0.007	0.000	0.000	0.000
	N	314	314	314	314	314	314
GGT12 自信	相关系数	0.305**	0.236**	0.123*	−0.252**	−0.379**	0.305**
	显著性（双尾）	0.000	0.000	0.030	0.000	0.000	0.000
	N	314	314	314	314	314	314
GGT13 领导能力	相关系数	0.348**	0.378**	0.218**	−0.273**	−0.152**	0.294**
	显著性（双尾）	0.000	0.000	0.000	0.000	0.007	0.000
	N	314	314	314	314	314	314
GGT14 合作精神	相关系数	0.249**	0.248**	0.037	−0.206**	−0.241**	0.252**
	显著性（双尾）	0.000	0.000	0.518	0.000	0.000	0.000
	N	314	314	314	314	314	314
GGT15 创新	相关系数	0.342**	0.267**	0.099	−0.216**	−0.252**	0.338**
	显著性（双尾）	0.000	0.000	0.079	0.000	0.000	0.000
	N	314	314	314	314	314	314
GGT16 人际交往	相关系数	0.219**	0.271**	0.080	−0.215**	−0.217**	0.257**
	显著性（双尾）	0.000	0.000	0.156	0.000	0.000	0.000
	N	314	314	314	314	314	314
GGT17 健康	相关系数	0.316**	0.277**	0.211**	−0.239**	−0.180**	0.216**
	显著性（双尾）	0.000	0.000	0.000	0.000	0.001	0.000
	N	314	314	314	314	314	314
GGT18 外形举止	相关系数	0.252**	0.334**	0.097	−0.293**	−0.324**	0.333**
	显著性（双尾）	0.000	0.000	0.086	0.000	0.000	0.000
	N	314	314	314	314	314	314

（续表）

		QHJ2 企业发展	QLD1 领导支持	QLD2 职业导师	SWH1 性别歧视	SWH2 传统观念	SHJ1 新技术应用和发展
GGT19 婚育状况	相关系数	0.004	−0.128*	0.003	−0.055	0.119*	−0.073
	显著性（双尾）	0.939	0.023	0.964	0.330	0.035	0.199
	N	314	314	314	314	314	314
GGT20 年龄	相关系数	0.019	−0.100	−0.035	−0.098	0.057	0.020
	显著性（双尾）	0.738	0.075	0.531	0.084	0.314	0.727
	N	314	314	314	314	314	314
GXX1 学习能力	相关系数	0.244**	0.237**	0.102	−0.148**	−0.204**	0.259**
	显著性（双尾）	0.000	0.000	0.071	0.009	0.000	0.000
	N	314	314	314	314	314	314
GXX2 职业规划	相关系数	0.384**	0.339**	0.177**	−0.211**	−0.310**	0.327**
	显著性（双尾）	0.000	0.000	0.002	0.000	0.000	0.000
	N	314	314	314	314	314	314
GZY1 关系资源	相关系数	0.231**	0.275**	0.313**	−0.228**	−0.181**	0.282**
	显著性（双尾）	0.000	0.000	0.000	0.000	0.001	0.000
	N	314	314	314	314	314	314
GZY2 学历	相关系数	−0.027	0.050	0.012	0.154**	0.094	0.036
	显著性（双尾）	0.635	0.381	0.838	0.006	0.096	0.525
	N	314	314	314	314	314	314
JFD1 责任负担	相关系数	0.112*	0.092	0.251**	−0.113*	0.052	0.027
	显著性（双尾）	0.047	0.102	0.000	0.045	0.359	0.637
	N	314	314	314	314	314	314
JZC1 家人支持	相关系数	0.328**	0.354**	0.166**	−0.169**	−0.329**	0.262**
	显著性（双尾）	0.000	0.000	0.003	0.003	0.000	0.000
	N	314	314	314	314	314	314

（续表）

		QHJ2 企业发展	QLD1 领导支持	QLD2 职业导师	SWH1 性别歧视	SWH2 传统观念	SHJ1 新技术应用和发展
QHJ1 企业福利	相关系数	0.506**	0.565**	0.384**	−0.305**	−0.110	0.252**
	显著性（双尾）	0.000	0.000	0.000	0.000	0.051	0.000
	N	314	314	314	314	314	314
QHJ2 企业发展	相关系数	1	0.580**	0.343**	−0.452**	−0.211**	0.398**
	显著性（双尾）		0.000	0.000	0.000	0.000	0.000
	N	314	314	314	314	314	314
QLD1 领导支持	相关系数	0.580**	1	0.354**	−0.317**	−0.184**	0.430**
	显著性（双尾）	0.000		0.000	0.000	0.001	0.000
	N	314	314	314	314	314	314
QLD2 职业导师	相关系数	0.343**	0.354**	1	−0.183**	−0.035	0.341**
	显著性（双尾）	0.000	0.000		0.001	0.532	0.000
	N	314	314	314	314	314	314
SWH1 性别歧视	相关系数	−0.452**	−0.317**	−0.183**	1	0.260**	−0.242**
	显著性（双尾）	0.000	0.000	0.001		0.000	0.000
	N	314	314	314	314	314	314
SWH2 传统观念	相关系数	−0.211**	−0.184**	−0.035	0.260**	1	−0.256**
	显著性（双尾）	0.000	0.001	0.532	0.000		0.000
	N	314	314	314	314	314	314
SHJ1 新技术应用和发展	相关系数	0.398**	0.430**	0.341**	−0.242**	−0.256**	1
	显著性（双尾）	0.000	0.000	0.000	0.000	0.000	
	N	314	314	314	314	314	314

**. 相关性在 0.01 层上显著（双尾）。

*. 相关性在 0.05 层上显著（双尾）。

参考文献

[1] 唐有财.中国城市职场的性别不平等:基于权力的视角[J].妇女研究论丛,2011(04):20-26.

[2] 李雨潼,黄蕾.基于出生队列的中国人口性别结构特征分析[J].人口学刊,2017,39(04):30-39.

[3] 陈德钦.论"五个文明"的内在关系结构[J].科学社会主义,2009(02):45-47.

[4] 高雯.当代中国女性价值观研究及其新开展[J].学术论坛,2012,35(05):102-106,118.

[5] 史凯亮,郭月青.2015年中国妇女社会地位调查研讨会综述[J].妇女研究论丛,2016(01):115-120,128.

[6] 范黎波,杨金海,史洁慧.女性领导力特质对员工绩效的影响研究——基于团队氛围的中介效应[J].南京审计大学学报,2017,14(04):34-43.

[7] 侯烜方,李燕萍,涂乙冬.新生代工作价值观结构、测量及对绩效影响[J].心理学报,2014,46(06):823-840.

[8] 荣鹏飞,葛玉辉,陈悦明.基于人性假设的90后员工管理研究[J].现代管理科学,2013(02):91-93.

[9] 刘淑庆.我国"90后"员工职业生态探析[J].中国劳动关系学院学报,2015,29(06):99-102.

[10] 尤瓦尔.赫拉利.未来简史[M].林俊宏,译.北京;中信出版社,2017.

[11] 杨欣斌,林徐润,盛鸿宇.基于职业竞争力导向的高端技能型专门人才能力模型研究[J].教育与职业,2014(29):42-43.

[12] Arthur. Career frontiers: New conceptions of working lives[M]. M. B, D. M. Rousseau. 2000.

[13] Defillippi, R. J, & Arthur, M. B. The Boundaryless Career: A Competency-Based Perspective[J].Journal of Organ Dysfunction, 1994.

[14] Graham Cheetham, Geoff Chivers. Towards a holistic model of career Competence[J]. Journal of European Industrial Training, 1996.

[15] 邹小玲.雇员可雇佣能力与职业成功及其关系研究[D].北京:北京交通大学,2013.

[16] Diane L. Gill, Competitiveness among females and males in physical activity classes[J]. Sex Roles, 1986, 15 (5-6): 233-247.

[17] Catherine Hakim. Women, careers, and work-life preferences[J]. British Journal of Guidance & amp; Counselling,2006, 34(3).

[18] 周文霞，孙健敏.中国情境下职业成功观的内容与结构[J].中国人民大学学报，2010，24(03)：124-133.

[19] 王震，孙健敏.核心自我评价、组织支持对主客观职业成功的影响：人-情境互动的视角[J].管理学报，2012，9(09)：1307-1313.

[20] 肖薇，罗瑾琏.女性职业成功的特征及评价标准构建问题研究回顾与展望[J].外国经济与管理，2013，35(06)：73-80.

[21] 国云丹.高知女性、生育与职业发展——以上海市 21 位女性为例[J].妇女研究论丛，2009(02)：26-31.

[22] 刘丽."全面二孩"政策下"80 后"高知女性家庭与职业选择困境研究——以上海市抽样调查与访谈为例[J].山东女子学院学报，2017(03)：49-56.

[23] 李静雅.已育一孩职业女性的二孩生育意愿研究——基于生育效用感和再生育成本的实证分析[J].妇女研究论丛，2017(03)：27-39.

[24] 肖薇，罗瑾琏.第二代性别偏见与女性领导力开发[J].中国人力资源开发，2013(09)：96-99.

[25] 胡志鹏，闫淑敏.女性高管成长中的三重玻璃天花板及其突破路径[J].中国人力资源开发，2014(07)：30-36.

[26] 胡剑影，蒋勤峰，王重鸣.女性企业家领导力模式实证研究[J].上海交通大学学报(哲学社会科学版)，2008，16(06)：69-74.

[27] 张戌凡.无边界职业生涯背景下女性职业发展探析——基于社会性别的视角[J].南京社会科学，2012(11)：68-73.

[28] 罗青兰，孙乃纪，于桂兰.基于文献分析法的女性高层次人才职业成功影响因素研究[J].经济经纬，2014，31(02)：97-100.

[29] 王晶，李乾坤.关于性别差异与性别平等的哲学思考[J].吉林大学社会科学学报，2016，56(06)：130-136,191.

[30] 贺善侃，杨政.从现代领导力的柔性化趋势看女性领导力开发[J].中国浦东干部学院学报，2013，7(04)：61-65.

[31] 聂志毅.女性的职业优势与领导力[J].学术界，2010(03)：115-121,286.

[32] Werner Bönte，Sandro Lombardo，Diemo Urbig. Economics meets psychology：Experimental and self-reported measures of individual competitiveness[J]. Personality and Individual Differences，2017，116.

[33] 景怀斌.中国人成就动机性别差异研究[J].心理科学，1995(03)：180-182.

[34] 久世浩司.抗压力[M].贾耀平，译.北京：北京联合出版公司，2016.

[35] 朴槿惠.绝望锻炼了我：朴槿惠自传[M].兰青荣，等译.南京：译林出版社，2013.

[36] L. Borbye. Career management [M]. Elsevier Inc.：2008-06-15.

[37] 刘刚，王泽宇，程熙镕."朋友圈"优势、内群体条件与互联网创业——基于整合社会认同与嵌入理论的新视角[J].中国工业经济，2016(08)：110-126.

[38] 敬一丹.我遇到你[M].武汉:长江文艺出版社,2015.
[39] 桑德伯格.向前一步[M].颜筝,曹定,王占华,译.北京:中信出版社,2014.
[40] Stuart Conger. Fostering a career development culture: reflections on the roles of managers, employees and supervisors[J]. Career Development International,2002, 7(6).
[41] 黄显涛.女性高管对公司绩效影响的实证研究[D].成都:西南交通大学,2014.
[42] 胡志鹏,闫淑敏.女性高管成长中的三重玻璃天花板及其突破路径[J].中国人力资源开发,2014(07): 30-36.
[43] 亓莱滨.李克特量表的统计学分析与模糊综合评判[J].山东科学,2006(02): 18-23,28.
[44] 陆利丽.中国城镇已婚女性劳动力供给及其收入分配效应研究[D].杭州:浙江大学,2014.
[45] 孙劲悦.关于就业年龄歧视原因的调查分析[J].财经问题研究,2004(04): 81-85.
[46] 吴明隆.问卷统计分析实务——SPSS操作与应用[M].重庆:重庆大学出版社,2010.
[47] 张韵."全面二孩"政策对女性职业发展的影响及其因应之策[J].福建行政学院学报,2016(04): 104-112.

第 二 篇

航空公司校园招聘有效性研究

第一章 引 言

一、研究背景

本文的研究对象是民用航空行业中的公共航空运输方向。根据《中华人民共和国民用航空法》中的表述，民用航空分为公共航空运输和通用航空。公共航空运输是指以航空器进行经营性的客货运输的航空活动，其余部分统称为通用航空。由于民用航空行业是重资产行业且国家管控严格，行业壁垒高，因此发展至今，包括客运航空公司和货运航空公司，国内约有 50 家民用航空公司。

随着中国国民收入的增长，民航的发展已经进入快车道。2018 年 1 月 15 日，中国国际航空、中国东方航空、中国南方航空、海南航空、春秋航空、吉祥航空作为国内较大的航空公司，相继发布了 2017 年运营数据。在 2017 年，6 家航空公司的累计运输旅客人次平均同比增长达到 20.4%。随着各航空公司的高速发展，人力资源紧缺的情况已经成为各大航空公司急需解决的问题。

根据 2016 年发布的《中国民用航空发展第十三个五年规划》显示，在国家的大力支持下，民用航空行业的发展势头强劲，未来将持续快速、高效地发展。由此可见，在未来的若干年，民用航空行业对于人才的竞争将会愈发激烈。

校园招聘作为公司获取人力资源高效且有效的手段，已经引起了各家航空公司的重视。原因是从数量的角度来说，可以大量补充人力资源；从质量的角度来说，应届毕业生充满活力，富有创新精神及拼搏精神，可以极大地提升公司的竞争力。因此，校园招聘的重要性毋庸置疑。

二、研究问题

什么因素影响了校园招聘的有效性？如何评价校园招聘的有效性？如何提高？众多学者通过公司角度、毕业生角度和高校角度来研究校园招聘的有效性。有学者从毕业生的家庭的角度进行了研究。

每个行业的人力资源工作都有鲜明的行业特征，因此，不同行业的校园招聘也存在差异。是什么影响了民用航空行业校园招聘的有效性，又如何来评价校园招聘工作是否成功？笔者在民用航空行业工作七年，有民用航空行业的招聘工作诸多的实践经验和感悟。从笔者的实际工作经验来看，民用航空行业校园招聘的特点是民航高校生源少，公司对人才需求旺盛，公司的校园招聘竞争激烈，而招聘效率有待提高。目前，与招聘有效性的文献相比，针对校园招聘的文献数量较少，针对某一行业的校园招聘有效性的研究则更少。

在公司对校园招聘的重视程度不断提升和毕业生就业形势日趋严峻的情况下，由于公司校园招聘广撒网且目标高校较为集中，如今毕业生选择公司的目标性和针对性更强，公司的校园招聘逐渐体现出宣讲会效果不佳、毕业生违约率居高不下、校园招聘有效性不断降低等问题。因此，本文将通过对民用航空行业中涉及校园招聘的公司人力资源从业者、毕业生、民航高校老师的调研，S航空公司的实际案例研究，从而探究影响民用航空行业中校园招聘有效性的因素、评价体系以及提升建议。一方面提供给民用航空行业同行以参考；另一方面，如交通运输行业、医疗行业、教育行业等对应届毕业生所学专业对口程度要求高，与民用航空行业的校园招聘情况类似，可供其他行业中的人力资源工作者以借鉴。

三、研究方法

文献及行业报告研究。通过分析国内外学者关于招聘有效性的研究，以及行业权威机构发布的数据，为航空公司的校园招聘有效性研究提供扎实的理论基础。通过研究文献及行业相关报告的基础上，从而归纳出校园招聘有效性的内涵。

访谈法。通过对民用航空行业中的航空公司招聘人员、民航高校的应届生和往届生、已经入职航空公司的非民航高校学生及民航高校老师，共36名与校园招聘相关的人员进行了深度的开放式访谈，了解目前最真实的情况。通过访谈法来补充文献中提及的校园招聘有效性的影响因素、评价体系、提升方法。经过访谈，将访谈得出的因素进行整合、分类后，形成了56个子因素，根据笔者的工作经验，将子因素进行分类形成了3个层面的38个影响因素。

问卷调查法。通过访谈法总结出的招聘有效性影响因素，制作三类问卷，针对民用航空行业航空公司招聘人员、学生和高校老师分别进行问卷调查，处理、分析问卷调查得出的数据，从而探究在民用航空行业中的校园招聘有效性影响因素的类别、数量、程度、评价体系的实际应用和提升有效性的方法。

实际案例研究法。笔者在航空公司工作多年，有一手数据，较为了解民用航空行业的情况。通过介绍S航空公司校园招聘有效性评价的案例，体现校园招聘是招聘人才的重要渠道，从而探讨校园招聘有效性评价体系以及有效性提升的实际意义。

第二章

文献综述

本文的文献综述从招聘有效性研究和校园招聘的有效性这两个角度展开，回顾了国内外相关研究，并做出了归纳总结。所选文献为中国知识资源总库(CNKI)和 Web of Since(SCI)上发布在核心期刊、引用量高、具有一定代表性的文献，为后文的访谈和问卷提供了理论基础。

一、招聘有效性研究

国外学者研究招聘的有效性起步早于国内的学者，国外学者主要是从招聘有效性的影响因素和招聘渠道的有效性来开展研究。由于文献资源有限的原因，能够找到的文献并不多。而国内学者对于招聘有效性研究起步晚，但是随着人力资源相关研究的发展，众多学者逐渐意识到人力资源给企业带来的经济效益。总而言之，国内外学者对于招聘有效性研究主要是从三个方面来开展：第一是招聘有效性的影响因素研究，第二是招聘有效性评价的研究，第三是提升招聘有效性方法的研究。因此，本研究的文献研究也将按照这三方面展开。

1. 国外研究

国外学者主要是从招聘有效性的影响因素和招聘渠道的有效性来开展研究。

在招聘有效性影响因素方面，在 Sara L. Rynes (1991)之前，多数的调研结果都是学者对于面试者访谈后总结分析得出。相比之下，Sara L. Rynes (1991)的研究采用纵向结构化面试，让求职者用他们自己的话解释他们如何搜索工作和选择工作。研究结果表明，求职者的决策可能与性别、工作经历、面试成绩的平均值和成功的求职经历相关[1]。Daniel M. Cable (1996)通过对 96 名求职者从选择工作机会到离职过程的跟踪及调研，研究了人与组织匹配中求职者的主观适应的感知。求职者可以通过权衡个人与组织适合度，从而去改变他们的工作态度[2]。James A. Breaugh (2000)为了使未来的研究能够更好地了解招聘过程，他对招聘过程的复杂性进行了研究。借鉴了各种研究领域的理论，通过研究招聘活动和招聘结果之间的过程变量，建立了招聘过程的组织框架，从而系统地研究了招聘有效性的各种影响因素[3]。

在招聘渠道的有效性研究方面，随着互联网招聘的兴起，Anderson，N (2003)研究了招聘渠道的有效性。他从招聘人员以及应聘者的角度出发，研究了招聘人员与应聘者的接受程度[4]。Carrillat，Francois A (2014)研究企业通过了Facebook 这一社交媒体招聘的有效性[5]。

综上所述，国外众多文献从种族、性别以及不同文化背景的角度来探讨，而近年来社交网络招聘的研究也成了热点。

2. 国内研究

查阅近 20 年的文献，国内的有效招聘方面的研究方向最初是招聘渠道、招聘策略等。随着人力资源相关研究的发展，众多学者渐渐意识到人力资源工作不仅是服务工作，而且是可以给企业带来直接的经济效益的。朱军(2006)等人首次较为系统地研究了招聘的有效性[6]，而万华(2011)在对国内外招聘有效性的研究做了综述。他在研究中指出，有效招聘的研究主要集中在招聘有效性影响因素、招聘有效性评价以及提高招聘有效性方法三个方面[7]。本文的文献综述参考两位学者对于招聘有效性研究方向上的划分，从招聘有效性的影响因素、招聘有效性评价体系和提高招聘有效性的方法三个方面来论述。

1) 招聘有效性的影响因素研究

在招聘有效性的影响因素研究中，从不同的角度出发，国内学者从众多实际案例中总结出了招聘有效性的影响因素。归纳如表 2-1 所示。

表 2-1 招聘有效性的影响因素研究归纳

时间	学者	影响因素
2004	陈育庆[8]	招聘标准、招聘渠道、招聘工作组构成、招聘观念、应聘登记表、招聘策略、面试过程规划、招聘人员胜任力和淘汰人员信息储备
2006	谭玲丽、王弘[9]	工作分析、面试环境、面试人员胜任力、面试官培训、与应聘者的有效沟通、测评手段、企业形象和招聘途径
2006	朱军、童夏雨、旷开源[6]	工作分析、招聘系统、结构化面试、招聘信息、招聘方法和招聘工具
2006	刘卫华、吕全国、章晋明[10]	组织的外部环境涵盖了劳动力市场的特征、国家的经济形势；组织的内部环境涵盖了工作分析、人力资源规划、组织内部管理和招聘过程管理

（续表）

时间	学者	影响因素
2009	曹细玉[11]	人才招聘工具、招聘人员、工作分析及招聘工作的评价
2009	刘洪昌、蒋松桂[12]	组织的外部环境涵盖了国家的政策法规、国家经济形势、应聘者期望、父母期望、学校教育、朋友和社会风气；组织的内部环境涵盖了工作分析、工作设计、招聘标准尺度统一等
2009	王华夏、王兰馨[13]	招聘指导思想、招聘规划、招聘人员的选择、招聘信息的不对称和组织文化
2009	王华夏、王兰馨[14]	招聘指导思想、招聘规划、招聘人员的选择、招聘信息的不对称和组织文化
2009	齐群伟[15]	企业文化、工作分析、招聘途径和流程的科学设计及招聘原则
2010	罗向荣[16]	用人规划、招聘岗位的了解程度、招聘人员胜任力、招聘实施过程、甄选方法和企业的性质和形象
2012	陈文伟[17]	人力资源规划涵盖了人才需求预测、人才供给预测、总的目标；招聘策略涵盖了空间策略、时间策略、聘用策略
2013	李玉梅[18]	政策走向、经济形势、应聘者主观期望值包括生活环境、父母因素和教育因素
2014	王丹[19]	人员需求、招聘渠道、甄别方式、薪资及招聘评估
2015	王琼[20]	招聘成本、招聘计划、招聘流程
2016	陈军[21]	招聘人员胜任力、招聘方法有效性、招聘成本的投入程度、应聘者的满意度和应聘者胜任力

综上所述，招聘有效性影响因素的研究在国内早期的观点主要是人力资源规划、招聘人员胜任力、招聘过程为主，更多地在企业内部找影响因素。随着研究的深入，组织外部环境包括国家政策法规、国家经济形势、应聘者期望也被众多学者注意到。而近年来，从应聘者角度出发的有效性影响因素的研究，例如雇主品牌等，已经成为研究的主流。

2）招聘有效性评价的研究

在招聘有效性评价的研究中，主要有两个方面：一方面是基于招聘渠道来评价招聘的有效性，另一方面是招聘有效性评价体系中指标的选取。

（1）基于招聘渠道的招聘有效性评价

安哲锋（2010）对于国内外网络招聘研究进展做了综述，提出了当企业发布的招聘信息更具体时，求职者对适配性会更高，并且在网络招聘时，招聘有效性会受到企业低反馈的影响[22]。许红军（2013）基于实证分析，通过改进基数接受模型，并结合社交网站招聘的特征，研究结果显示应聘者对于是否使用社交网站应聘的决策，受到了感知有用性的影响，而感知有用性的主要外在变量是社交网站的质量、雇主品牌形象、招聘信息的质量、招聘服务的质量[23]。

（2）招聘有效性评价的指标选取

在招聘有效性评价的指标选取研究方面，朱军（2006）提出了评估招聘工作是否有效的指标体系，这套体系相对之前的评估体系更为系统[6]。彭移风（2008）在原有评价体系的基础上，提出了在招聘结束后，对入职的员工和没有聘用的员工进行抽样调查，了解他们对于企业招聘的评价和看法，也是招聘有效性评价至关重要的方法[24]。王丹（2011）把招聘量化管理指标体系分为五个阶段，简历筛选阶段、甄选录用阶段、入职培训阶段、试用期阶段、招聘评估阶段及招聘延伸阶段[18]。唐钔（2011）在之前学者研究的基础上，提出了两点创新：首先是招聘收益的概念，该值越大，则收益越高；其次是招聘成本控制的概念[25]。王虎邦（2013）借鉴了“平衡积分卡”的理念，以企业的战略为导向，设计了招聘关键指标体系。招聘关键指标体系分为四个维度，分别为内部流程、财务、用人部门、学习与改进[26]。学者们评估的指标大相径庭，只是维度划分略有区别。以下列举三个有代表性的招聘有效性评价的体系。归纳如表 2-2 所示。

表 2-2　招聘有效性评价的指标选取归纳

维度	朱军（2006）[6]	彭移风（2008）[23]	王虎邦（2013）[25]
基于招聘结果的评价指标	1. 招聘员工数量与空缺职位之位比 2. 空缺职位填补的及时性 3. 员工与组织制度的匹配度 4. 员工与职位的匹配度 5. 员工与企业文化的匹配度	1. 招聘完成比 2. 招聘完成时间 3. 应聘比 4. 聘用比 5. 聘用合格比 6. 基础比	1. 应聘比 2. 录用比 3. 招聘完成比 4. 聘用合格比与基础比之差 5. 招聘完成时间及招聘周期
基于招聘成本的评价指标	1. 单个员工的招聘成本 2. 招募成本 3. 选拔成本 4. 录用成本 5. 安置成本	1. 总成本效用 2. 招聘成本效用 3. 选拔成本效用 4. 人员聘用效用 5. 收益成本比	1. 招聘成本控制 2. 收益—成本比 3. 新员工人均培训费用支出

（续表）

维度	朱军(2006)[6]	彭移风(2008)[23]	王虎邦(2013)[25]
基于新员工质量的评价指标	1. 员工的道德素质水平 2. 员工的组织协调能力 3. 员工的专业技术能力 4. 员工解决问题和进行决策的能力 5. 用人部门对于新入职员工表现的满意程度 6. 员工的流失率	1. 招聘信度衡量 2. 招聘效度衡量	1. 新员工素质与岗位匹配度 2. 员工离职率
基于招聘渠道、方法的评价指标	1. 招聘渠道的效度 2. 招聘方法的信度 3. 面试方法与招聘结果的关联度 4. 招聘周期和速度	比较不同招聘渠道的结果和成本	1. 招聘渠道的效度 2. 招聘方法的信度
基于求职者反馈的评价指标	无	招聘结束后，对已招聘的员工和淘汰的应聘者进行抽样调查，了解他们对企业招聘的评价和看法	1. 员工满意度 2. 对落选求职者调查

综上所述，在基于招聘渠道的招聘有效性评价和招聘有效性评价的指标选取两方面的研究方向已经发生变化，这与人力资源管理研究的进步息息相关。目前的研究方向已经不再是简单地评估人岗匹配程度，而是从应聘者的面试开始到试用期结束的全流程评估，不仅如此，评估落选的应聘者也成为非常有效的方法。

3）提高招聘有效性方法的研究

在提高招聘有效性方法方面，众多学者从招聘前期、招聘中期、招聘后期，按照招聘的时间来划分招聘的不同阶段，从而针对不同阶段提出建议。从三个阶段中细分维度，有的学者的研究方法是从有效性影响因素出发，提出相对应提升的方法；有的是从现实问题角度出发，提出解决方案。在提高招聘有效性方法众多文献中，影响较为深远、较为全面的研究是陈庆育(2004)及武亚航(2005)，归纳如表 2-3 所示。

近年来，有学者根据时代的变化，提出了些新的维度。陈文伟(2012)针对企业招聘存在的问题，提出了两点建议，首先是合理的人力资源规划，其次是制订可行的招聘策略[16]。王琼(2015)提出了四点关于提高人力招聘有效性的优化构想，首先是要在人力招聘观念上的转变；其次是企业需要优化薪酬结构；再次是企

表 2-3　　提高招聘有效性方法的研究归纳

阶段	维度	陈庆育(2004)[8]	武亚航(2005)[27, 28]
招聘前	招聘观念及方法	1. 企业招聘观念由“单向选择”改变为“双向选择”的现代人才流动观念 2. 研究并制订有针对性的招聘方法	注重企业形象设计和宣传，并且在思想上高度重视招聘工作。组织有效的面试
	招聘标准	1. 界定清晰的“选人标准” 2. 让用人部门参与招聘工作	1. 科学地进行工作分析，制订明确详细的岗位说明书和工作说明书 2. 确定员工的胜任特征
	招聘相关人员	招聘人员要有高度的负责精神	提前组织面试官，并授权分工
	招聘渠道	扩展招聘渠道，以确保有足够的应聘者信息	1. 慎选招聘途径
招聘中	招聘方法	有效地利用应聘登记表	1. 尽量营造良好的面试环境 2. 要有据可依地选派人才 3. 视情况可以对应聘者进行面试技巧的培训
招聘后	人才储备	面试结束后，建立必要的人才信息储备	面试结束后，建立人才储备台账，保存必要的信息

业需要最优化招聘流，特别是改良评估方式；最后是企业需要建立健全的用人机制[19]。

综上所述，人力资源管理的理论不断发展，从文献中的研究路径，可以得到的结论是提高招聘有效性的方法不再是基础的招聘工作应该如何操作、招聘思路等，而是以招聘推动业务的增长，以招聘观念上的变化为研究方向。

二、校园招聘有效性研究

国内外校园招聘有效性的研究方向主要有两个：第一是校园招聘有效性影响因素，第二是提高校园招聘有效性的方法。但是，查阅了近 20 年的国外文献，关于校园招聘有效性研究的文献较少，可能与应届生就业的方式有关。而国内由于每年应届生数量多，因此相关文献数量呈逐年上升的趋势，相关研究发展迅速。

1. 国外研究

国外校园招聘的研究起步较早，但对于校园招聘的文献并不多，对于校园招聘研究方向中的有效性研究这一细分方向的研究则更少。有一些是对于校园招聘有效性影响因素的研究。G Syamala(2015)基于从2009年至2013年从学生和学校方面收集到的数据,分析了在校园招聘中的性别歧视问题,提出了在校园招聘中的不公平性[29]。有一些是对于企业提高校园招聘有效性对策的研究。Pittaway. L(2005)的研究表明,规模较小的公司更加强调毕业生适应业务的能力,中小企业希望毕业生能够立即履行职责并作出贡献[30]。

2. 国内研究

校园招聘是众多招聘方法中的一种,而校园招聘有效性的研究作为招聘有效性研究的一个分支,在近20年的发展历程中,主要有两个研究方向:一是校园招聘有效性影响因素,二是提高校园招聘有效性的方法。在上文提到的招聘有效性评价的研究,在校园招聘方面并无衍生或细化,究其原因是招聘有效性评价体系一定程度上适用于校园招聘有效性评价。

1) 校园招聘有效性影响因素

国内在校园招聘有效性影响因素相关研究中,主要是按照招聘的时间划分为三个阶段,即招聘前期、招聘中期、招聘后期来阐述。多数学者是从成功的校园招聘角度来阐述,被引用较多的是姚绍汉(2006),他提出了影响校园招聘有效性的几个因素分别为企业文化、企业发展阶段、招聘目标和企业实力[31]。王倩(2013)从三个角度分析了校园招聘的影响因素,这三个角度是学生、企业、高校。她认为在高校角度来说,主要是由高校组织的双选会的效果不理想、就业指导和学生的职业生涯规划相脱节。从企业的角度来说,主要是校园招聘启动时间提前、企业的招聘人员缺乏专业性。从应届毕业生的角度来说,主要是简历的信息量有限,并不能完全体现个人特质[32]。

也有学者从实践的角度出发,通过问卷法、调研法找出关键因素。陈万思(2011)从招聘需求分析、招聘活动实施、招聘结果说明等方面完整呈现了化学品公司校园招聘销售代表的全过程。由工作实践,提出了胜任力素质模型、招聘工作相关人员和面试中的测试题是校园招聘成功与否的关键因素[33]。张晓春(2012)从企业角度开展了研究,通过问卷研究,找出了影响校园招聘有效性的主要因素。影响程度强弱顺序如下:招聘人员、高校吸引力、毕业生工作能力等[34]。董艳辉(2015)较为系统地总结了校园招聘有效性的影响因素。企业角度影响程度由强到弱依次为:校招团队,校招策略,校招后期等。应届生角度为:企业吸引力,校招团队,校招策略等[35]。

综上所述,学者们对于影响校园招聘有效性的因素的研究已经比较系统和全面，学者们通过探索性因子分析法等科学的方法，研究出了招聘有效性影响因素。但是，就目前来看，民用航空行业的相关研究依然较少。

2）提高校园招聘有效性的方法

关于提高校园招聘有效性方法的相关研究，主要有两个角度：第一是综合论述校园招聘，会整体研究校园招聘提升的方法；另一个角度是，详细的研究部分环节的提升方法，通过校招的某个环节的提升，从而达到提升校园招聘有效性的目的。

在综合论述方面有两个角度：一是从成功的校园招聘角度，二是从失败的校园招聘角度。从成功的校园招聘角度来看，王忠（2003）提出了校园招聘成功的三个方法：组织校内招聘需要注重细节，尽心尽力地接待学生，提供给学生实习工作[36]。姚绍汉（2006）提出了提高校园招聘有效性的六个方法：①树立企业良好形象。②合理安排招聘团队。③降低学生的期望值。④科学有效地组织面试。⑤选择企业的实用人才。⑥校企深层次合作办学[29]。高玉梅（2011）对于高校校园招聘活动进行了简论，提出了关于提高校园招聘的有效性应该从以下四个方面入手：①加强对于应聘学生的服务和指导工作，从而提高招聘签约率。②充分利用各种渠道与应聘学生保持沟通。③建立规范的招聘体系和流程，从而让人力资源管理更加专业化。④校园招聘的调查和研究同样重要，通过调研可以让企业有的放矢地提高校园招聘活动的科学性和有效性[37]。姚天增（2011）从成功的校园招聘出发，在分析突出问题后，提出了七点应对方法：①选择合适本企业的高校，与应聘学生之间建立良性的沟通；②做好宣讲会；③组建高效、专业的招聘团队；④运用基于“CARO”的行为面试技术，建立有效的校园招聘评估模型；⑤通过招聘大学实习生来企业实习，从而建立企业的人才库；⑥设置企业校园活动从而拓宽招聘甄选的渠道；⑦不可默拒应聘者[38]。吴继红（2011）通过对 166 名应届毕业生的问卷调查，针对校园宣讲会提出了四点建议：①企业的招聘人员应注意着装的专业性；②宣讲时不应该只有人力资源经理，企业高管也应该参与；③在宣讲内容方面，应该把重点放在宣讲企业的招聘流程、企业的文化、个人职业发展和薪酬绩效政策；④企业应该慎重选择是否发放礼品，以免给大学生造成企业只是来做营销的负面印象[39]。

从失败的校园招聘角度来看，宋昊（2008）从错误的校园招聘出发，总结了校园招聘中的误区，梳理了校园招聘流程，比较系统和全面地总结了提高校园招聘有效性的方法。他认为，目前校园招聘主要误区是，前期宣传不够和面试时间安排矛盾，以及在简历筛选上存在问题[40]。

在部分环节提升方面，区乐廷（2008）从招聘渠道角度提升，提出了实习生计划是校园招聘的蓝海，从招聘行业来看，新兴行业更适合。从企业层面来看，在与其他公司竞争时不具有优势的企业应该开展实习生招聘计划。从岗位层面来看，既强调专业性又强调操作性的岗位更适合做实习生招聘计划[41]。李月琳(2015)从大学生就业信息搜寻行为的角度出发，探究大学生在搜寻就业信息时使用的信息源、使用特点以及选择原因。她的研究结果表明，毕业生使用单一信息渠道的比例非常低，毕业生更多使用多种搜寻渠道来获得企业的招聘信息[42]。

李忠香(2010)研究校园招聘中日益严重的违约现象，提出了解决办法是学校增强学生就业指导力度、企业应该推迟校园招聘时间、企业应该完善就业协议书条款和学校应该发挥监督的作用[43]。马思捷(2016)认为，提升校园招聘有效性的方法之一是构建校园招聘录用指标体系。她根据校园招聘的特点，利用模糊综合评价法，构建了校园招聘录用指标体系[44]。

综上所述，无论是从成功还是错误的校园招聘案例来研究提高校园招聘有效性的方法，研究的都已经非常透彻了。许多学者把研究的重点放在了校园招聘各个环节的细节，通过提升细节从而提升招聘体验是提高有效性的思路。

国内外的研究已经取得了丰富的研究成果。那么，校园招聘的核心是什么？应该是用强大的雇主品牌吸引应聘者，通过良好的应聘体验，与学生达成情感联系，然后巩固情感联系进而升华成为雇佣关系。不同的行业招聘工作存在差异性，就文献搜索情况来看，鲜有学者研究民用航空行业的校园招聘的有效性。因此，针对这一情况，本文以民用航空行业背景，研究该行业中校园招聘的有效性影响因素、评价体系的实际案例、提升有效性的方法。

第三章

航空公司校园招聘有效性访谈研究

校园招聘有效性的影响因素可分为公司、学生、高校三个层面，劳动力市场等宏观层面因素由于公司无法改变，因此本文不做讨论。校园招聘是一项非常复杂的项目，学者们基于不同地区、不同行业的研究结果也存在差异。但是，之前学者研究的因素是在校园招聘领域中比较通用的因素，并不能体现民用航空行业的特殊性。本章通过访谈法，与民用航空行业中实际参与校园招聘的人员深度的、开放性地一对一访谈。结合文献综述中有效性影响的因素，进行定性分析，从而为第四章制作问卷、定量分析提供理论和实践的依据。

一、访谈对象选择

本文访谈的对象包含三类：公司校招人员、学生、高校相关人员。

公司校招人员，选择范围主要是负责校园招聘规划的人力资源经理，以及一线直接组织校园招聘的人力资源主管或专员。针对公司的招聘负责人，包含人力资源经理、招聘经理、实际执行校园招聘的招聘主管和招聘专员，从不同的角度和视野来看待校园招聘，更有利于找出航空公司校招的特殊点及重点。

学生，选择范围主要是往届毕业生和应届毕业生。含 2018 年应届毕业生及 2017 年 7 月入职的往届毕业生。2018 年应届毕业目前正处于求职阶段，其中访谈了已经签订三方协议的学生、签订三方协议后违约的学生，同样也有不同职位、高校的学生，以保证访谈样本的多样性和代表性。2017 年入职的往届毕业生经历了完整的校园招聘流程，也参加了相对较多的校园招聘，同时作出了自己的选择。对于步入职场 8 个月的职场新人来说，他们对于校招的看法更全面，也对于自己的选择是否成功有了判断。

高校相关人员，选择范围主要是带过应届毕业生的辅导员以及就业办教师，针对高校就业负责的老师及辅导员。就业老师了解全校情况，是公司与学生之间非常重要的纽带，对于校园招聘的有效性有全面的认识。辅导员与学生的距离更近，相对会更了解应届毕业生的想法与行为，也会直接影响应届毕业生就业时的选择。

整体来说,希望通过不同人员的视角,客观地反映校招有效性影响因素。访谈对象构成情况见表3-1。

表3-1 访谈对象构成

访谈对象类别	细分类别	访谈人数	说明
公司校招人员	经理级	9人	直接组织校园招聘的人力资源主管或专员,以及负责校园招聘规划的人力资源经理
	主管/专员级	1人	
学生	应届毕业生	10人	应届毕业生及往届毕业生
	往届毕业生	10人	
高校相关人员	辅导员	3人	带过应届毕业生的辅导员以及就业办教师
	就业办教师	3人	
合计		36人	

二、访谈提纲设计与访谈实施

由于笔者是S航空公司的招聘人员,因此,36名受访人员均与笔者认识。访谈开始前先与访谈对象初步沟通,告知访谈目的是为了学术研究,以降低其防范心理,使得访谈的结果更加真实有效。访谈时间提前预约,整个访谈持续30至60分钟。访谈内容不仅限于访谈提纲,在与受访者谈到影响因素、有效性评估、有效性提高方法时,会深度探讨。每次访谈时,都会详细记录访谈内容,并在访谈结束后归纳整理。

针对上文提到的三类访谈对象,设计了三份访谈提纲,分别是从公司角度、学生角度和高校角度。具体访谈提纲见表3-2。

表3-2 访谈提纲汇总

公司角度访谈提纲	
1	为什么要做校园招聘?
2	校园招聘在公司方面的参与者有哪些人?如何分工的?
3	通常去哪些地区、学校做校园招聘?
4	从每年何时开始校园招聘?整个校招持续时间多久?
5	校招的基本流程是什么?你认为的关键点在哪?

（续表）

公司角度访谈提纲	
6	哪些因素会影响校园招聘的有效性？
7	航空业的校园招聘的特殊性在哪？难点在哪？
学生角度访谈提纲	
1	你择业时优先考虑哪些因素？
2	你认为求职中最困扰你的是？
3	哪些因素会影响你求职？例如求职技巧/个人基本素质等。
4	你应聘过的公司中，你认为哪一个印象最好，为什么？哪一个印象最差，为什么？
5	公司来校招，怎么做会提高你的求职意向？（从个人角度来说）
6	航空业的校招有什么特殊性？
高校角度访谈提纲	
1	从每年何时开始校园招聘？整个校招持续时间多久？
2	以何种形式组织校园招聘？邀请公司进校/组织或参加双选会或？哪种形式对于学生就业更好？
3	哪些公司会来你们学校招聘？行业分布是？
4	高校采用哪些方法来提高学生的就业率？
5	哪些因素会影响学生就业？
6	校企如何合作，可以提高校招的有效性？
7	航空行业校招跟其他高校比起来有什么特殊性？
8	关于航空公司校园招聘，有什么建议？

三、访谈结果归纳总结

经过对36名校招相关人员的访谈，总结出了每一名受访者所提及的因素。再将所有因素进行整合、分类后，形成了56个子因素，根据笔者的工作经验，将子因素进行分类形成了3个层面的38个影响因素。以下根据面试流程的先后顺序排列，对每一个影响因素和子因素进行定性分析。影响因素、子因素、注释对照表如附录B航空公司校园招聘有效性影响因素表。第四章中将对不同访谈中谈到同一因素矛盾、认同度高等现象做定量分析。

1. 公司层面校招有效性影响因素

1）人力资源规划

在公司的人力资源规划中与校园招聘相关的有两部分：公司招聘需求及培训培养。

在公司招聘需求方面，校园招聘是满足公司用工需求的途径之一。而校招的要求主要是数量、质量、结构。数量指的是在做完招聘需求测算后得出的校园招聘人数和具体岗位。质量指的是招聘的毕业生符合岗位要求，有的公司会通过校招管理培训生的项目以满足储备管理人才的需求。结构指的是满足公司内部员工结构的调整，并且与社会招聘的员工形成互补。

在培训培养方面，学生非常关注公司对于新进员工的培养是否成体系，个人能力能否提升，晋升通道是否完善。应届毕业生普遍对未来充满期望，希望通过自身努力在公司有所发展，得到公司的认可以及自身价值实现。

2）工作分析

工作分析是人力资源工作的基础，工作分析涉及该岗位的工作内容、工作职责、任职资格等，在工作分析后以岗位说明书的形式留存。在调研中发现，由于工作分析不到位或没有及时分析，在组织架构或部门的职能变化后，导致一些职位的工作内容和职责的混乱。在校招过程中，学生往往非常关心未来的工作内容和职责，那么如果未进行工作分析或工作分析不科学，会使得公司的招聘人员也无法明确阐述工作内容。另一方面，由于招聘标准与实际岗位要求有差距，导致招聘的学生与岗位不匹配，从而影响校招的有效性。

3）招聘标准

招聘标准决定了有多少学生可以参加面试环节。由于航空业专业要求高的岗位毕业生人数有限，目前劳动力市场上的情况是求大于供的状态。如果公司的面试标准高于民用航空行业内，那么势必造成面试的学生减少。人才的招聘标准应该源于岗位分析，避免“人才高消费”现象的发生，也就是人员能力的盈余过多。

其次，在某些集团性公司内，成员公司的招聘标准受制于集团的招聘标准。为了避免集团内成员公司之间的内部竞争，所以招聘标准会由集团统一制订，成员企业执行。否则，有可能会因为集团的标准设置过高，没有考虑到或是无法考虑成员公司的实际情况，而影响招聘人数。

4）招聘流程

在校招流程方面通过访谈得到的因素有以下两点：

（1）校招面试流程时间：招聘流程各环节衔接是否合理。

(2) 具体招聘流程:收集简历时间是否足够,宣讲前收集简历,宣讲后收集简历。面试环节设置是否合理。考核设置的信度和效度。复试时领导不一定有时间,有的站点人少,于是会几个站合起来做,非常浪费时间。复试结束后,答疑是否解释清楚后续报到流程,是否有实习机会,薪酬结构及薪资待遇。招聘流程的完善程度,面试体验包括了面试官态度、面试环境、是否及时反馈通过或不通过的信息、面试等待时间等。

5) 招聘费用

招聘费用指的是招聘预算。招聘预算包含了社会招聘预算、校园招聘预算、雇主品牌建设费用等部分。在年初或年末,公司会制作次年度招聘预算,而招聘预算的多少决定了校园招聘预算的多少。一般来说,预算的增加有利于校园招聘。

6) 招聘规划

招聘规划中包含三个部分:第三方渠道、校招项目完成时长和招聘次数。

在第三方渠道方面,访谈结果显示,极少的航空公司会使用到第三方渠道,也就是智联招聘、前程无忧等人力资源供应商来协助校园招聘。由于比较难衡量第三方渠道的作用有多少,所以在实际校招中,鲜有公司使用。即使使用第三方渠道的航空公司,也是让第三方渠道做校招宣传和校招基础工作。第三方渠道的校招宣传包括了该网站发布招聘广告、组织宣讲会。第三方渠道的校招基础工作包括联系高校、预订场地、组织保障人员。

在校招项目完成时长方面,也就是校招开始和结束时间早还是晚,行程密集还是松散的程度。从宏观上来看,校招项目时间跨度越长,行程安排松散,去部分校招站点的时间也就越晚。反之,去大部分校招站点的时间早。校招开始时间的早晚直接影响了学生的质量和数量。访谈中了解到,由于部分公司在校招整个项目中需要权衡各站点之间的招聘情况,例如上海站招聘人数少,那么会希望南京站扩大招聘量。于是会在几站完成后才发放录用通知或是签订三方协议,而这直接影响到了签约人数。

在校招次数方面,以一个学年为计算周期,秋季招聘结束后,是否举办春季招聘,或者是某一季度招聘中多次去同一所学校,或者是增加大量的校招高校。目的无非是通过更多数量的招聘活动来增加通过人数。简而言之,其实是招聘成本与招聘数量之间如何取得最佳平衡的问题。

7) 招聘人员胜任力

招聘人员包含面试官、面试保障人员、宣讲会人员。面试官的责任是有效地甄别应聘者是否符合公司要求。一般建议在面试官的配备上,每一场面试应该由人力资源部门和用人部门的经验丰富的面试官组成。人力资源部门的面试官负责甄别应聘者学生的基本素养、稳定性、性格等素质，而用人部门面试官负责甄别学生的专业知识。由于学生应聘的岗位多种多样，面试官本身的业务知识是否全面是否足够专业，直接影响到他们判断的准确性。

面试保障人员的职责是负责校招某个站点的保障工作。面试保障人员的态度、对校招流程的熟悉程度、应急能力、对公司的了解程度至关重要。

宣讲人员作为宣讲会的重要组成部分，决定了宣讲会的质量。宣讲人员应该有足够的工作经验、演讲能力、应变能力，才能应对宣讲会的各种情况。另外，如果宣讲人信口开河，脱离公司的实际情况，也会给学生带来虚而不实的感受。所以，宣讲会应该是平等交流的平台，目标是让公司传递的客观信息与学生接收的信息对称。

8）招聘宣传

在招聘宣传方面，通过访谈法了解到包含以下三点因素。

(1) 招聘宣传的时机：校招开始宣传的时间仅仅是校招开始前夕，那么宣传效果是非常有限的。所以校招的宣传应该是全年进行的，是属于雇主品牌建设中重要的一环。另外，校招开始前肯定是需要做招聘宣传，宣传时间不应该与面试时间相隔过久，否则过了热度，招聘宣传效果也会大打折扣。

(2) 宣讲会的效果：作为校招宣传的重要途径，宣讲会是否有效会直接影响招聘宣传的效果。宣讲会是否真实、客观地反映了公司的情况和招聘需求，现场是否有足够的互动等关键因素，都决定了一场宣讲会是否成功。

(3) 招聘信息传递的及时性和准确性。

9）雇主品牌

现今，越来越多的公司注意到了雇主品牌的重要性，雇主品牌的作用在于提高岗位吸引力，从而降低人才招聘成本。领英中国在“现代雇主品牌指南”中提出，中国雇主品牌的三阶段，其中第一阶段就是雇主品牌等同于校园招聘。在人才流动不那么频繁，特别是行业间流动还比较少的时期，招聘负责人通常把校园招聘作为主要的雇主品牌宣传重地。而实际上雇主品牌也影响了校园招聘的有效性。往往学生没有充分了解公司情况时，会查询该公司在行业内的排名，然后再决定投递简历。此外，学长学姐的推荐也是雇主品牌是否强大的一种体现。在访谈中，由于学生可获得公司信息的途径较少，学长学姐的意见变得至关重要。最后，公司的发展现状、规模也是学生考虑的重要因素。

10）校企关系

校企关系由两部分校组成，分别是校企合作成本和校企合作程度。

在校企合作成本方面,公司会因为专业人才短缺而与学校合作,在学生大一、大二的时候面试甄选出一批学生,定向培养为公司所需的人才。校企关系的成本至关重要,它包括了教学资源、场地等。由于规模效益将大幅度降低校企合作的成本,比如有的公司需求人数较少,导致成本上升,便会联合其他公司定制订单班以产生规模效应。

在校企合作程度方面,公司与院校的合作方式也有许多。公司可以以公司命名设立奖学金。有的公司也会赞助学生活动,取得冠名,来提升学生对公司的了解。此外,公司提供实习机会也比较常见。例如机务实习生项目,公司会在本科生大三下学期、专科生大二下学期进入高校面试学生,然后提供一年的实习机会。这种实习的目的是为了留用,提前选定学生,提前培养。原因是机务的工作专业性要求高,人才稀缺。有的公司也会参与到学生的毕业设计,公司的业务骨干会作为学生的校外导师,提供更贴近实际的论文指导。

11）人才测评技术

人才测评技术包括了人才测评的方法和面试评价的一致性。人才测评就是通过科学的方法和手段,对应聘者的基本素质进行评定,并且预测其绩效。在校招中常见的测评方法有履历分析法、纸笔考试、心理测评、行政能力测评、面试、和情景模拟测评中的领导小组讨论和角色扮演。心理测评包含罗夏墨迹测算、卡特尔 16 种人格特征测试、明尼苏达测量表法等方法。在访谈中,有的公司在考察学生的动手能力时会用到鲁班锁或乐高模型。在人才测评中有五项基本原则:

(1) 普遍性与特殊性相结合。

(2) 测评与评定相结合。

(3) 科学性与实用性相结合。

(4) 紧缺与模糊相结合。

(5) 静态与动态相结合。

在面试评价的一致性方面,指的是不同高校、不同面试者,面试评价标准是否一致。如果面试经验不够丰富,将无法判断学生是否匹配公司的相关职位。

12）录用流程

在录用流程方面,有三个部分:签订三方协议时间、发放录取通知时间和发放录取通知后的维护。

(1) 签订三方协议时间:复试结束后到签订三方协议的时间间隔。

(2) 发放录取通知时间:复试结束后到发放录用通知的时间,有的公司在复试结束后有引进报批流程,到发放录取通知仍有一段时间。有的公司在发放录取通知时间上是分秒必争,紧缺型人才及优秀人才面试结束后直接签订三方协议或替代协议。

(3) 发放录取通知后的维护：录用通知发放的形式是否正规，采用书面或口头的方式发放。签订三方协议后，如何保持与学生紧密的联系。建立及时沟通的渠道，及时沟通才能保证人员留存率。

13) 公司地理位置

在公司的地理位置方面，有三个部分：城市发展及人才引进相关政策、生活成本、工作地点。

在城市发展及人才引进政策方面，学生会考虑城市的发展现状及未来的发展，调研中发现，北京、上海、广州等一线城市逐渐不再是毕业生第一选择。越来越多的学生选择了如杭州、成都、西安等新一线城市。新一线城市的优势在于城市发展快，工作和晋升机会更多，人才引进的配套政策吸引人，有落户政策，物价相对更低，特别是房价，在薪资与一线城市差距不大的毕业生阶段，生活质量则更高。

14) 薪酬福利

在薪酬福利方面，主要是看其再行业内是否有竞争力以及在行业间同等职能是否有吸引力。民用航空行业属于传统的服务行业，虽然发展趋势好，但是薪酬与互联网、金融等行业相比，仍处于弱势。福利则有较大优势，很多航空公司在五险一金的基础上，还会增加补充养老保险和补充公积金，以及有班车、住宿、餐补、免费和优惠机票等福利。很多航空公司也在从货币化分配转变为福利化分配。通过薪酬福利政策创新，以加强公司的吸引力，例如新员工试用期表现优秀，可以自己选择工作地点、提前转正等。

15) 公司性质

在公司性质方面有三个因素：企业性质、公司文化和公司稳定性。

国有企业、事业单位等不同的企业性质，会有不同的企业文化。因为民用航空行业涉及安全，所以民用航空行业是受到政府监管非常严格的行业，多数的航空公司都是国企甚至央企。以上海为基地站运营的，一共有 7 家航空公司，其中 4 家是国企。对于学生来说，不同的用人单位性质会有不同的企业文化，也会有不同的工作稳定度。诚然，航空业相对其他行业整体人员稳定性高，离职率低。在民用航空行业内的国企稳定性则更高。稳定性高的负面影响会让员工的晋升更慢，薪酬提升也更慢。这都是学生会考虑的因素。

16) 其他影响因素

调研中还发现其他影响因素，由于这些因素对影响校招有效性的影响相对直接，并不复杂，因此放在本小节中集中论述。

(1) 校招启动时间:开始校招的时间,包含公司制订的招聘开始时间及高校允许招聘的开始时间。春招开始的时间通常在研究生全国统考及公务员全国统考公布分数之后。

(2) 公司招聘形式:公司专场招聘会或参加双选会。出于招聘成本的考虑,招聘人数较少的公司一般会选择双选会,而招聘人数较多的公司会组织公司专场招聘会。部分性质相同的公司会联合招聘,比如同一集团内的多家航空公司,或者是空管局,以此提高招聘效果。

(3) 公司文化:不同的学生向往的公司文化不同,而影响公司文化最直观的因素就是公司的性质。学生会从国有企业、事业单位、民营企业及合资企业等作出抉择。并且,学生也非常在意老员工对新员工的帮助有多大,员工间是否能相互协作、共同进步等问题。

(4) 用工形式:签署派遣协议或是劳动合同。用工形式直接影响到学生是否会签约。由于航空公司出于降低人工成本等因素,在临时性、辅助性、可替代性的非核心岗位,以劳务派遣的形式录用学生,薪酬福利势必会有较大影响。

(5) 公司面试集中程度:民用航空行业内的人才竞争愈演愈烈,因此不同的公司会选择不同的时间进校招聘。例如中国民航大学在2017年9月至10月的时间内,航空公司进校数量达30家。密集的招聘活动会直接影响面试人数,同一个时间段内,学生有几家想去面试的公司,那么他们必须作出选择,对于公司来说,也就是面试者的分流。

(6) 工作环境:工作岗位是否符合个人预期。例如机务维修类岗位工作环境艰苦,个人是否能够承受也决定了学生是否会选择这家公司。

(7) 招聘相关人员态度:面试官及面试保障人员的态度。面试官和面试保障人员作为公司的代表,一言一行直接影响到学生对于公司的印象。面试官和面试保障人员的态度直接影响了学生的应聘体验。傲慢的面试官,让学生的应聘体验较差,学生通常也会淘汰该公司。让学生感受到平等、尊重,才会取得更好的面试效果。

(8) 实习留用机会:校园招聘的启动时间不断提前,但由于国家有相关规定,以及各高校开学时间的限制,众多公司秋季校园招聘开始时间是每年的9月。因此许多公司通过实习留用的方式来补充人才,其实也是把校招时间提前的一种方法。那么,对于学生来说,目前学生实习的目的性更强,他们普遍把实习与工作挂钩,如果实习生有留用机会对于学生来说将会非常有吸引力。

(9) 招聘效果评估:招聘完成后通过科学的方法,利用招聘评估体系对于校园招聘作评估。招聘效果评估的目的在于发现校园招聘中存在的问题,并加以改善。评估是招聘工作形成闭环管理非常重要的环节。

(10) 公司口碑:学生周围人的推荐程度,周围人包括同学、家人、老师等。特别是学生之间的信息传播,是招聘宣传的重要途径之一。例如参加完宣讲会的学生,如果觉得不错,也会推荐其他学生一起投递。利用学生会类似的学生组织宣传,例如老乡会等,也是非常不错的宣传途径。

(11) 高校协助宣传:在众多的宣传途径中,高校协助宣传的效果非常好。学生获取招聘信息的重要途径之一就是学校招聘网站和就业负责的相关老师的传递。特别是应届毕业生的辅导员,如果有辅导员的推荐,学生会非常愿意考虑该公司。通过高校就业网、微信公众号帮助公司发布广告等宣传方式,也会大幅度提升学生对公司的信任程度。

2. 高校毕业生层面校招有效性影响因素

1) 个人职业规划

在个人职业规划方面,经过访谈得出的因素有以下三点:

(1) 个人兴趣。这决定了学生未来是否从事所学专业相关的职业。另外,民航类高校的学生在高考择校时,选择了民航高校,已经对未来职业作了规划,因此在择业时则会更快地作出选择,选择民用航空行业。

(2) 工作性价比。学生会在工作压力和薪酬福利间作取舍,会在挑战与稳定间作取舍。随着人民生活水平的上升,物质生活越来越丰富,学生的家庭条件越来越优越,公司所在地区的本地学生更多倾向工作强度低、收入较低的工作,而非本地学生则倾向工作强度高、收入较高的工作。

(3) 攀比心理。学生在择业时,大多会有攀比心理,会与周围的同学比较。因此在选择公司时,会非常关注公司在行业内的知名度,在行业内的排名。

2) 求职技巧

求职技巧涉及三个方面:应聘渠道、制作简历、面试技巧。在应聘渠道上,主要是学校就业办传播、网上求职信息检索和校园宣讲会。就笔者经验来看,学校就业办传播的方式最为有效,通过学校就业网、学校微信公众号和辅导员的推荐,学生会了解到公司的招聘信息。而辅导员的推荐则会更具体、更直接地将招聘信息传递给学生。在制作简历方面,航空公司的校园招聘都是网上申请的方式,学生登录到公司网站填写固定模板的简历,因此在制作简历技巧方面差异不大。在面试技巧方面,部分受访学生表示,例如无领导小组讨论、压力面试等形式的考核让学生感到紧张,难以发挥正常水平,且会影响面试的结果。一些同学在工作上可能胜任,但是面试中则过于紧张而无法通过面试。

3）职业发展

在职业发展及工作内容方面，现在的应届毕业生相比以往，自我意识更强，学生会非常关注个人的成长以及个人的职业晋升路径。民用航空行业属于传统行业，与新兴互联网行业、人工智能行业等相比晋升相对缓慢，这也是民用航空行业的劣势。此外，学生也非常关注工作内容。工作内容是否与个人兴趣匹配，是否与所学专业匹配是他们比较关注的。

4）就业重视程度

学生对于就业的重视程度方面，在民航类院校中，由于行业形势好导致的就业形势好，在访谈过程中多数高校负责就业相关工作的老师表示“慢就业”情况越来越严重。某老师谈到，据他个人预估，80％的学生都是在校内找到工作，多数学生都在学校内等公司进校招聘，学生被动求职，并无求职紧迫感，这一因素直接影响到公司应该何时进校招聘。而非民航类院校，由于求职竞争激烈，学生的求职紧迫感则更强。

5）行业了解程度

学生了解行业及职位程度会直接影响学生是否应聘该岗位。民航类高校的学生对于民用航空行业以及职位了解较多，因此在选择岗位时也比较有针对性。而非民航类高校学生，对于民用航空行业、航空公司、岗位的了解多数源于网络以及宣讲会，信息来源有限。并且有的公司在发布职位时的岗位说明不明确，原因是在学生入职后具体定在哪个岗位还要根据入职后的表现确认，否则在发布职位时会因职位数量过多而引起学生的困扰。例如发布人力资源岗位时，并不会明确是薪酬岗位还是招聘岗位，又或者是员工关系岗位。这同样给学生选择岗位时带来一定困扰。公司发布的信息与学生接受的信息是否对称，信息是否真实，会直接影响学生选择以及入职后的离职率。此外，学生对职业的认同感、认可度也很重要，部分基础岗位是否是让人尊敬的岗位，如能够升华学生的感受将会提高学生的投递率。

6）个人素质

个人素质分为两部分：个人素质、个人背景情况、个人能力。个人素质主要因素有以下七点。

(1) 高校背景：985/211 高校、民航类高校。

(2) 学历背景：专科、本科、硕士研究生。

(3) 英语水平：PETS-3，CET-4，CET-6 等。

(4) 在校奖惩：部分公司会因学生挂科、处分等因素而淘汰学生。

(5) 实习经历或学生工作经历：是否有同岗位的实习经历或在公司实习是否

有留用机会。

(6) 学生已获得录取通知书的数量：学生在获得公司的录取通知书后，会比较各企业情况。有的学生在收到一家公司的录取通知书后而停止其余面试。

(7) 无犯罪记录：由于航空公司的安全是第一位的，因此基本所有的航空公司都会要求学生在入职前提供无犯罪记录证明，旨在将用工风险降到最低。

学生背景情况是指在参与招聘活动时，已经客观存在的情况。在访谈中，受访者提到的因素有以下两点。

(1) 学生家庭背景：部分面试官会考量学生家庭背景。

(2) 学生户籍所在地：部分公司会选择或排除某些户籍的学生。

学生个人能力指的是学生拥有的柔性能力，包括沟通表达能力、抗压力、适应能力、情商、智商、性格及身体素质等方面。另外，忠诚度也是非常重要的因素。忠诚度可能与公司的宣传是否符合实际情况，从而导致学生因宣传与实际工作的差距大而产生的落差感有关，也是影响校招有效性的因素之一。

7) 家庭期望

学生在求职阶段，多会寻求家庭的意见，家庭也会非常关注自己的求职过程。因此，家长的意见在学生求职阶段举足轻重，家庭对于子女的期望很大程度上影响了子女的选择。在调研中，发现相对富裕的家庭期望子女工作稳定，而不是去外省市闯荡或是从事高风险高回报的工作。所以，他们大多选择进入航空业，选择家庭所在地为工作地点。

3. 高校层面校招有效性影响因素

1) 高校就业工作支持力度

高校的就业工作主要分为两部分：高校就业政策和高校招聘会数量。

高校招聘会的组织工作是高校就业工作支持力度的体现。从招聘形式上来说一共分为两种，公司的专场招聘会以及大型双选会。公司的专场招聘会，一般由一家或多家公司发起需求，联系高校，组织学生参加公司的宣讲以及招聘活动。而双选会，一般由高校发起，高校联系多家公司在统一时间于校内开展招聘活动。在各所高校毕业生就业质量年度报告中，专场招聘会数量、双选会数量已经成为衡量学生就业工作的重要指标。

在高校就业政策方面，在民航类高校中，有的高校为了防止学生在已经签订三方协议的情况下继续面试其他公司，发布了签订三方协议后不允许面试其他公司的规定。优秀学生普遍先签订一家公司保底，再继续面试其他公司，最后挑选，以找到最合适的单位。这种做法对于个人来说，是利益的最大化，无可厚非，但却挤压了综合素质一般或较低的学生的工作机会，特别是如机务维修专业等，在民用航空行业中专业性要求高的专业。通过相关的就业政策的发布，目的是让更多的学生获得平等就业的机会，提高高校的就业比例。

其次，就业辅导工作也是非常重要的部分。高校的课程体系中都包含了就业指导课程，而就业指导课程直接影响了学生的就业以及职业生涯发展。那么就业指导课程体系的完善程度、教师队伍的专业程度、就业相关活动的丰富程度就显得尤为重要了。

2）高校实力

高校实力包含两部分，一是高校背景，二是高校定位。

高校背景一定程度上决定了学生的综合素质。航空公司内的人事、行政、财务、市场、销售等岗位，由于不要求民航专业的背景，所以不仅限于民航类高校。航空公司在扩张到一定程度后，因为应聘人数的大量增加，也有了更多的选择，于是会提高招聘标准。例如某航空公司要求应届毕业生985高校毕业，英语CET-6才可面试。

在高校定位方面，不同的高校有不同的定位。在民航类高校中，如北京航空航天大学和南京航空航天大学由工业和信息化部管理，以培养航空航天的科研型人才为教学目标。而中国民航大学、中国民用航空飞行学院等由中国民用航空局管理，以培养应用型人才为教学目标。因此，高校的定位不同，影响到公司是否去该校招聘学生。

3）高校专业匹配度

在民航类专业中，专业与职位的匹配度越高，民用航空行业内越容易找到工作，但是在民用航空行业外更难找到工作。民航类专业的专业壁垒较高，培养方式更专精，使得学生对于民用航空行业更了解，但相较于综合类高校培养的学生，知识面则更窄，导致民航类专业毕业的学生、民航类高校毕业的学生就业方向较为单一。另外存在一种情况，例如某高校的机务维修专业，虽然专业名称也是航空机械维修，但是教学所用教材是军用飞机，因此课程内容与民用航空行业有较大差异，也是专业不匹配的一种情况。

4）高校地理位置

高校的地理位置也是公司在制作校招方案时考虑的方面。高校的地理位置一定程度上决定了该校的生源，多数高校都是以本地或本省的生源为主。而生源地会直接影响到学生的稳定性，从而影响校园招聘的有效性。公司在选择高校时，会从三个方面出发：第一，考虑与公司地理位置同一城市或周边的高校；第二，由于民航类高校数量较少，通常也会以民航类高校为锚点，去搜寻周边的综合类高校;第三,高校实力强的综合类高校聚集的地方,例如北京有26所“211工程大学”,上海市有10所,南京市有8所,武汉市有7所,西安市有7所,都是人才抢夺的必争之地。

第四章

问卷设计与数据分析

第三章通过访谈将所有可能存在的因素进行了梳理，本章将探讨什么因素才是影响航空公司校园招聘有效性的关键因素。本章将通过问卷法，采用描述性统计分析和相关性分析来定量分析。

一、问卷发放对象的选择

根据本文研究的主题，将从航空公司、高校和毕业生三个角度展开调查，发放问卷。

航空公司角度，本文调查的对象界定为曾经多次实施校园招聘的航空公司的招聘人员。而招聘人员包含招聘专员、招聘主管、招聘经理及人力资源部门经理。通过不同经验、不同航空公司的招聘人员，来提高样本的多样性和代表性。

毕业生角度，本文调查的对象界定为有完整校招经验的毕业生。首先，在时间维度上，毕业时间在一年内。2017 年往届毕业生有完整的校招经历，且可能求职多次，作为校招参与者的经验更丰富。但由于某些 2017 年往届毕业生求职时间可能已过了 1 年，求职时期的想法可能会淡忘，因此，调查将包含 2018 年应届毕业生，他们的求职时间在半年左右，对于求职时期的印象相对更深刻。

高校角度，本文调查的对象界定为民航高校内，有完整协助应届毕业生求职经验的老师，包含了辅导员及学校或学院的就业办老师。问卷调查对象信息见表 4-1。

表 4-1　　问卷调查对象构成

发放问卷对象类别	细分类别	对象描述
公司校招人员	经理级	人力资源经理或招聘经理
	主管/专员级	招聘主管或招聘专员

（续表）

发放问卷对象类别	细分类别	对象描述
学生	2018年的应届毕业生	民航类高校毕业生
		非民航类高校毕业生
	2017年的往届毕业生	民航类高校毕业生
		非民航类高校毕业生
高校相关人员	辅导员	民航类高校，带过应届生的辅导员
	就业办教师	民航类高校，学校级或学院级负责就业的教师

二、问卷设计及因素指标来源

1. 问卷问题设计

通过上文的访谈提纲，对36名校招相关人员进行访谈后，总结出了每一名受访者所提及的因素。再将所有因素进行整合、分类后，形成了56个子因素，根据笔者的工作经验，将子因素进行分类形成了3个层面因素的共38个因素。具体影响因素见附表B校园招聘有效性影响因素表。根据38个因素，针对3类研究人群发放问卷，采用李克特量表(Likert Scale)制成3份问卷。具体可见附录中的问卷调查。

2. 问卷预调研及定稿

在问卷试测阶段，采用"深度个人访谈法"来试测问卷[43]。具体操作方法如下：

(1) 让受访者自己解释对问题的理解。

(2) 让受访者来界定术语。

(3) 询问受访者是否对"什么回答是合适的"有任何困惑。

(4) 询问受访者有多大的信心来提供正确的答案。

(5) 如果问题要求完成某个评价任务，就要让受访者谈谈他们所经历的选定答案的过程。

根据"深度个人访谈法"，每份问卷深度访谈3人，根据9个人的建议修订了问卷的相关问题后，完成问卷设计。在"航空公司校园招聘有效性(公司)角度"问卷中，评价校园招聘有效性的第一个问题"民用航空行业校招竞争激烈，航空公司的校园招聘越来越难做”是反向提问，因此在统计结论时将会修正，以保证统计的科学性。具体如表 4-2 所示。

表 4-2　　影响因素与问题对应

航空公司校园招聘有效性(公司)角度		
问题编码	影响因素	问题
A1	校园招聘有效性	民用航空行业校招竞争激烈，航空公司的校园招聘越来越难做
B1	人力资源规划	开始校招之前，对于校园招聘学生的数量和质量有明确的规划
B2	工作分析	开招校招之前，公司对需要校招的岗位已经做了工作分析
B3	招聘规划	在校招季，校招站点安排非常密集
B4	招聘标准	公司有清晰的招聘标准，并且在校招工作中严格执行这一标准
B5	招聘费用	公司有充足的校园招聘预算
B6	雇主品牌	公司的品牌越好，校园招聘投递的学生越多
B7	招聘宣传	在校招开始前，公司做了足够的宣传，因此投递简历的学生非常多
B8	校企合作	公司与高校之间有长期、良性的合作，这让学生更认可我们公司
B9	校招启动时间	校园招聘启动时间越早，招聘效果越好
B10	招聘流程	面试的流程安排非常合理，很少有学生抱怨
B11	录用流程	在与学生签订完三方协议后，会与学生保持良好的沟通
B12	人才测评技术	公司的面试方法、面试流程很科学，能有效地甄选学生
B13	招聘人员胜任力	公司参与校招的人员都有丰富的招聘工作经验
B14	招聘相关人员态度	公司参与校招的人员对学生的态度都很好
B15	公司地理位置	公司的地理位置也是吸引学生加入公司的原因
B16	公司性质	公司的性质(民营企业或国有企业)是吸引学生加入的原因
B17	薪酬福利	公司的薪资福利在行业内很有竞争力
B18	招聘效果评估	公司会定期地进行校园招聘效果的评估，并利用评估结果优化校园招聘
B19	用工形式	与派遣协议相比，签订劳动合同会减少学生的违约率
B20	公司招聘形式	相比校园专场招聘会，参加双选会效果更好

（续表）

问题编码	影响因素	问题
B21	工作环境	很多学生会因为公司或者职位的工作环境不好，而放弃公司提供的工作机会
C1	高校实力	在校招选择目标高校时，会考虑高校的综合实力
C2	高校专业匹配度	学生的专业与所招聘岗位匹配度高，会更容易通过面试
C3	高校地理位置	公司在做校招行程时，会考虑高校的地理位置
D1	个人素质	学生的背景情况（例如：学校、英语、实习经历和户籍等）会影响公司是否录取该学生
D2	行业了解程度	在录取的学生中，大多数对航空业有一定的了解
D3	个人职业规划	在录取的学生中，大多数有明确的职业规划
航空公司校园招聘有效性（学生）角度		
问题编码	影响因素	问题
A2	校园招聘有效性	民用航空行业的人才需求大于供给，找到合适的工作很容易
B22	人力资源规划	公司来学校招聘之前，会明确招聘的人数和职位
B23	招聘规划	我希望我想去的公司在一年里能多次来学校招聘
B24	招聘标准	公司来校招聘时，招聘标准非常明确，相信公司在校招工作中严格执行这一标准
B25	雇主品牌	品牌知名的公司来校招聘时，我会非常想去应聘
B26	公司口碑	学长学姐对于公司的口碑，会直接影响我的选择
B27	招聘宣传	招聘广告好的公司，我会更愿意应聘
B28	校企关系	对于老师推荐的公司，我会更愿意应聘
B29	校招启动时间	航空公司校园招聘启动时间越早越好
B30	招聘流程	无论公司有多知名，我都不会选择招聘流程混乱的公司
B31	人才测评技术	公司在不同的高校面试，面试的标准是一致的
B32	招聘相关人员态度	面试官和面试保障人员的友善和专业程度，直接影响了我是否会选择该公司
B33	公司地理位置	我在选择公司时，公司所在的地理位置非常重要
B34	公司性质	我更倾向于去民营企业，而不是国有企业/事业单位
B35	薪酬福利	公司有较好的薪酬福利，即使知名度一般，我也愿意去工作

（续表）

问题编码	影响因素	问题
B36	公司面试集中程度	校招时，有很多您想去的公司在同一时间招聘，面试时间冲突了
B37	公司文化	我很关心入职后，同事之间的关系是否融洽
B38	用工形式	如果是和公司签订派遣协议，我会放弃该工作机会
B39	工作环境	如果公司或者未来工作岗位的工作环境差，我会放弃该工作机会
C4	高校就业工作支持力度	学校给您的就业指导教育对我的求职帮助很大
C5	高校实力	学校的同学都很优秀，就业形势很好
C6	高校专业匹配度	我的专业与我未来从事的岗位很匹配
C7	高校地理位置	我学校所在的城市很发达，所以有很多公司前来招聘
D4	行业了解程度	相对于其他行业，我非常了解航空业的情况
D5	个人素质	公司会因为我的背景情况（例如：学校、英语、实习经历和户籍等）而决定是否录用
D6	个人职业规划	我在求职时，有非常明确的个人职业规划
D7	职业发展	我非常关注入职后的个人成长空间
D8	就业重视程度	我在求职时，希望能尽快找到合适的公司
D9	求职技巧	因为缺乏面试技巧，影响了公司对我的判断
D10	家庭期望	我父母对于我就业方向的影响很大
航空公司校园招聘有效性（高校）角度		
问题编码	影响因素	问题
A3	校园招聘有效性	民用航空行业的人才需求大于供给，学生未来的就业形势非常好
B40	人力资源规划	公司来学校招聘之前，会明确招聘的人数和职位
B41	招聘规划	公司来校招聘的次数越多，招聘的人数也就越多
B42	招聘标准	公司来校招聘时，招聘标准非常明确，并且我相信公司在校招工作中严格执行这一标准
B43	雇主品牌	品牌知名的公司来校招聘时，会有更多的学生应聘
B44	公司口碑	学长和学姐对于公司的口碑，会直接影响我校应届毕业生的选择

（续表）

问题编码	影响因素	问题
B45	招聘宣传	招聘广告好的公司，会有更多的学生应聘
B46	校企关系	学生更认可那些与我校有长期、良性合作的公司
B47	高校协助宣传	学校会帮助个别校企关系好的公司宣传，他们的招聘效果也会更好
B48	实习留用机会	公司如果有实习并且留用的机会，会吸引更多的学生应聘
B49	校招启动时间	公司启动校园招聘时间越早，招聘的效果会越好
B50	录用流程	在学生签订完三方协议后，与学生保持良好沟通的公司，学生的违约率更低
B51	人才测评技术	公司在不同的高校面试，甄选不同学校学生的标准是一致的
B52	公司地理位置	公司所在的地理位置，是学生在选择公司时非常重要的因素
B53	公司性质	学生更倾向于去民营企业，而不是国有企业/事业单位
B54	薪酬福利	公司有较好的薪酬福利，即使知名度较差，学生也愿意去工作
B55	公司招聘形式	相比公司举办专场校园招聘会，参加大型双选会（由高校组织的招聘会）效果更好
B56	用工形式	与派遣协议相比，签订劳动合同会减少学生的违约率
C8	高校就业工作支持力度	我校给学生的就业指导教育非常多，学生反响很好
C9	高校实力	我校的综合实力很强，能够吸引大量的、优质的公司前来招聘
C10	高校专业匹配度	我校的专业与航空公司所需专业很匹配
C11	高校地理位置	我校的地理位置优越也是很多公司来校招聘的原因之一
D11	行业了解程度	相对于其他行业，我校学生非常了解航空业的情况
D12	个人素质	学生的背景情况（例如：学校、英语、实习经历和户籍等）会影响公司是否录取该学生
D13	家庭期望	学生父母对学生就业方向的影响很大

三、问卷调查情况

由于民用航空行业相对于其他行业从业人员较少，笔者人脉资源有限，因此为保证足够的样本量，假设所有航空公司遇到的问题相同，假设所有民航类高校遇到的问题相同,假设所有民航类学生或加入航空公司的学生遇到的问题相同,因此采用“简单随机抽样”。问卷样本来源见表 4-3。

表 4-3 问卷样本来源

问卷名称	来源
航空公司校园招聘有效性(公司)角度	中国东方航空股份有限公司、金鹏航空股份有限公司、海南航空控股股份有限公司、天津航空有限责任公司、北京首都航空有限公司、云南祥鹏航空有限责任公司、福州航空、乌鲁木齐航空有限责任公司、北部湾航空、长安航空、桂林航空旅游集团有限公司、海航航空技术股份有限公司、春秋航空股份有限公司、上海吉祥航空股份有限公司
航空公司校园招聘有效性(学生)角度	南京航空航天大学、中国民航大学、西安航空学院、电子科技大学成都学院、中国民航大学、中国民用航空飞行学院、广州民航职业技术学院、南昌航空大学科技学院、沈阳航空航天大学、四川西南航空职业学院、北京理工大学珠海学院、郑州航空工业管理学院、江苏工程职业技术学院、烟台南山航空学院、南京航空航天大学金城学院、华东理工大学、华南理工大学、武汉理工大学、伦敦大学皇家霍洛威学院、香港城市大学、华中农业大学、上海海事大学、上海工程技术大学、上海师范大学、中南财经政法大学、上海外国语大学、复旦大学、南京大学、辽宁大学、浙江财经大学、湖南师范大学、上海交通大学、武汉大学、兰州大学、中南大学、华中科技大学
航空公司校园招聘有效性(高校)角度	上海工程技术大学、上海民航职业技术学院、中国民航大学、广汉飞行学院、上海东海职业技术学院、上海建桥学院、南京航空航天大学、广州民航职业技术学院、西北工业大学

“航空公司校园招聘有效性(公司)角度”所涉及的公司,共有 13 家航空公司参与此次调研,13 家航空公司在 2017 年累计旅客运输约 4.44 亿人次,占国内旅客运输的 40.3%。航空公司总体体量较大,样本具有一定的代表性。

“航空公司校园招聘有效性(学生)角度”所涉及的学生,共有 42 所院校的毕业生填写了问卷。其中主要来自 21 所民航高校或有民航专业的高校,21 所已经入职航空公司或将要入职航空公司的学生。高校分布于全国各地,因此样本具有一定的代表性。

“航空公司校园招聘有效性(高校)角度”所涉及的高校教师,来自 9 所民航类或有民航类专业的高校。

问卷发放的方式主要是微信、微信群、QQ 群和邮件,因此无法计算出问卷回收率。检查所有问卷答案,将无效问卷删除以保证统计结果不受污染。无效问卷筛选有三个维度,第一是所有题目答案均一样的问卷,第二是答卷时间在一分钟以内的问卷,第三是不符合发放对象标准的人员所填问卷。问卷回收情况见表 4-4。

表 4-4 问卷回收情况

问卷名称	问卷填写总数	有效问卷数量	无效问卷数量
航空公司校园招聘有效性问卷(公司)	33	33	0
航空公司校园招聘有效性问卷(学生)	407	406	1
航空公司校园招聘有效性问卷(高校)	31	30	1
合 计	471	469	2

四、航空公司校园招聘有效性问卷(公司)分析

1. 问卷信度检验

信度分析的作用是采用同一种方法重复测量出的结果的一致程度。克隆巴赫信度系数(Cronbach α 系数)如果在 0.8 以上,则该问卷信度非常好;信度系数在 0.7 以上都是可以接受;如果在 0.6 以上,则该问卷需要进行修订,但仍然有一定的价值;如果低于 0.6,问卷就需要重新设计[44]。

校正项总计相关性(CITC):表示该题与其余题总分的积差相关系数,此系数的数值愈高,表示该题与其余题的内部一致性越高。此指标用于判断题是否应该作删除处理,如果值小于 0.3,通常应该考虑将对应题进行删除处理。项已删除的 α 系数:表示该题删除后,其余题项变量构成的分量表的 α 系数改变情形。如果该值明显高于"α 系数"值,这就应该考虑将对应项进行删除处理[44]。问卷信度检验如表 4-5 所示。

表 4-5 航空公司校园招聘有效性问卷(公司)信度检验数据

问题编码	影响因素	样本数	校正项总计相关性(CITC)	项已删除的 α 系数	α 系数
A1	校园招聘有效性	31	−0.224	0.835	0.827
B1	人力资源规划	31	0.277	0.824	
B2	工作分析	31	0.523	0.814	
B3	招聘规划	31	0.140	0.827	
B4	招聘标准	31	0.300	0.824	
B5	招聘费用	31	0.546	0.812	
B6	雇主品牌	31	0.392	0.820	

（续表）

问题编码	影响因素	样本数	校正项总计相关性(CITC)	项已删除的 α 系数	α 系数
B7	招聘宣传	31	0.607	0.811	0.827
B8	校企合作	31	0.565	0.813	
B9	校招启动时间	31	0.491	0.816	
B10	招聘流程	31	0.539	0.814	
B11	录用流程	31	0.570	0.815	
B12	人才测评技术	31	0.298	0.823	
B13	招聘人员胜任力	31	0.608	0.811	
B14	招聘相关人员态度	31	0.544	0.818	
B15	公司地理位置	31	0.307	0.824	
B16	公司性质	31	0.530	0.813	
B17	薪酬福利	31	0.380	0.820	
B18	招聘效果评估	31	0.525	0.814	
B19	用工形式	31	0.456	0.819	
B20	公司招聘形式	31	−0.148	0.838	
B21	工作环境	31	0.127	0.832	
C1	高校实力	31	0.454	0.820	
C2	高校专业匹配度	31	0.165	0.827	
C3	高校地理位置	31	0.040	0.833	
D1	个人素质	31	0.263	0.824	
D2	行业了解程度	31	0.279	0.825	
D3	个人职业规划	31	0.225	0.828	

从表 4-5 可知：信度系数值为 0.827，大于 0.8，因而说明研究数据信度质量很高。针对"项已删除的 α 系数"，分析项被删除后的信度系数值并没有明显的提升，因而说明题项全部均应该保留，进一步说明研究数据信度水平高。针对"CITC 值"，分析项对应的 CITC 值有 6 项低于 0.2，说明这 6 项与问卷其他项目所测内涵不一致，但是由于校正项总计相关性并不影响问卷的信度，因此不删除

该项。综上所述，研究数据信度系数值高于 0.8，删除题项后信度系数值并不会明显提高，综合说明数据信度质量高，可用于进一步分析[44]。

2. 问卷样本分布

由于笔者所在公司在上海，因此问卷填写人员主要集中在上海。由下表可以看到，调查问卷的航空公司所在地域分布较广，全国各地都有航空公司负责校园招聘相关的人员填写。情况统计见表 4-6。

表 4-6　　航空公司校园招聘有效性问卷（公司）样本地域情况

省份	数量	百分比
上海	14	45.16%
北京	4	12.90%
广西	3	9.68%
天津	2	6.45%
浙江	1	3.23%
陕西	1	3.23%
广东	1	3.23%
福建	1	3.23%
海南	1	3.23%
云南	1	3.23%
新疆	1	3.23%
四川	1	3.23%
合计	31	100%

由于合资或外资的航空公司在国内招聘量较少，因此本文主要讨论国内的民营或国有航空公司的校园招聘情况。从问卷填写人员信息统计表中可以看到，公司性质包含了国有企业和民营企业，而填写人员以招聘主管或招聘经理岗位为主，无论是工作经验还是校招经验都较为丰富，并且有 87.10%的人员具有校招项目负责的经验。综上所述，此问卷填写人员经验丰富，使得问卷答案有较好的信度和效度。问卷填写人员的信息见表 4-7。

表 4-7　　航空公司校园招聘有效性问卷(公司)人员信息

基本信息	题项	有效频率	有效百分比
所在企业性质	国有企业	5	16.13%
	民营企业	26	83.87%
职务	招聘助理/专员	6	19.35%
	招聘主管/经理	24	77.42%
	人力资源部总经理或副总经理	1	3.23%
工作年限	0～3 年	7	22.58%
	4～6 年	8	25.81%
	7～9 年	11	35.48%
	10 年及以上	5	16.13%
组织或参与组织校园招聘的年限	0～2 年	17	54.84%
	3～4 年	10	32.26%
	5～6 年	1	3.23%
	7 年及以上	3	9.68%
在校招过程中的职责（可多选）	校招项目负责人	27	87.10%
	面试官	18	58.06%
	保障人员	20	64.52%
公司在校园招聘中招聘的职位（可多选）	民航类岗位	29	93.55%
	非民航类岗位	28	90.32%
	管理培训生	14	45.16%
合计	填写人数	31	100.00%

3. 影响因素的描述统计

首先根据态度量表对应的分值，得出问卷中每个问题的均值，由于所有问题都是正向提问，因此得分越高，即表明该因素越得到认可。态度量表见表 4-8。

表 4-8　　航空公司校园招聘有效性问卷(公司)态度量表

态度量表	A 完全不同意	B 不同意	C 不确定	D 比较同意	E 完全同意
分值	1	2	3	4	5

通过将数据导入 SPSS24 软件中，选择描述性统计中最小值、最大值、平均值及标准差。运算获得影响因素的描述统计数据见表 4-9。

表 4-9　航空公司校园招聘有效性问卷(公司)描述统计数据

问题编码	影响因素	样本数	最小值	最大值	平均值	标准差
A1	校园招聘有效性	31	1	5	1.9355	0.51222
B1	人力资源规划	31	1	5	4.2903	0.97275
B2	工作分析	31	1	5	4.2258	1.11683
B3	招聘规划	31	3	5	4.5484	0.62390
B4	招聘标准	31	4	5	4.6452	0.48637
B5	招聘费用	31	1	5	3.7742	1.14629
B6	雇主品牌	31	2	5	4.6129	0.71542
B7	招聘宣传	31	2	5	3.8387	0.93441
B8	校企合作	31	2	5	4.2581	0.85509
B9	校招启动时间	31	2	5	3.6452	0.95038
B10	招聘流程	31	2	5	3.9355	0.92864
B11	录用流程	31	2	5	4.2903	0.73908
B12	人才测评技术	31	2	5	3.8710	0.80589
B13	招聘人员胜任力	31	2	5	3.7742	0.88354
B14	招聘相关人员态度	31	3	5	4.4516	0.56796
B15	公司地理位置	31	2	5	3.6129	1.08558
B16	公司性质	31	1	5	3.2581	1.18231
B17	薪酬福利	31	1	5	3.5806	1.05749
B18	招聘效果评估	31	1	5	3.7419	0.96498
B19	用工形式	31	3	5	4.4839	0.62562
B20	公司招聘形式	31	1	4	2.4839	0.85131
B21	工作环境	31	1	5	3.5806	1.08855
C1	高校实力	31	4	5	4.5161	0.50800
C2	高校专业匹配度	31	3	5	4.2581	0.68155
C3	高校地理位置	31	2	5	3.9355	0.89202

（续表）

问题编码	影响因素	样本数	最小值	最大值	平均值	标准差
D1	个人素质	31	3	5	4.4839	0.56985
D2	行业了解程度	31	1	5	3.1290	1.02443
D3	个人职业规划	31	1	5	2.8065	1.10813

描述性统计分析的目的在于对于一组数据的整体情况进行概括和描述，能够更好地理解数据中所含的信息，从总体上把握数据的质量和属性，了解问卷中各项问题的差异性。平均数表示被调查对各项的认同程度，平均数越大对项目的认同程度越高；而标准差表示所有问卷填写人员的态度是否相近，标准差越小态度的一致性越高。

由表 4-9 的平均值维度来看，平均值最高的前三项分别是 B4 招聘标准、B6 雇主品牌、B3 招聘规划，是调查者最认同的三项。而最不认同的三项分别为 D2 行业了解程度、D3 个人职业规划、B20 公司招聘形式。在标准差维度来看，问卷填写人员态度一致性较高的分别为 B4 招聘标准、C1 高校实力、B14 招聘相关人员态度，而分歧较大的是 B5 招聘费用、A1 校园招聘有效性、B16 公司性质。

4. 影响因素的相关性分析

相关分析用于研究定量数据之间的关系，包括是否有关系，以及关系的紧密程度等。笔者通过校招航空公司校园招聘有效性调查问卷（公司角度）、校招航空公司校园招聘有效性调查问卷（学生角度）、校招航空公司校园招聘有效性调查问卷（高校角度）三份问卷的数据统计，采用皮尔逊（Pearson）相关性分析分别衡量三组样本的每种因素与校招有效性的相关程度。根据皮尔逊相关性系数，来区分正相关与负相关，排列影响程度的强弱。

由表 4-10 中相关矩阵可知，校园招聘有效性与行业了解程度在 0.05 级别（双尾），负相关且相关性显著。

校园招聘有效性与以下因素正相关，正相关程度由强至弱排列依次为个人素质、薪酬福利、雇主品牌、公司地理位置、人力资源规划、招聘标准、招聘规划、工作环境和高校实力。

校园招聘有效性与以下因素负相关，负相关程度由强至弱排列依次为校企合作、公司性质、高校专业匹配度、招聘宣传、高校地理位置、录用流程、个人职业规划、招聘费用、校招启动时间、招聘人员胜任力、工作分析、招聘效果评估、人才测评技术、招聘相关人员态度、招聘流程、用工形式和公司招聘形式。

各影响因素与校园招聘有效性的相关性分析结果见表 4-10。

表 4-10　航空公司校园招聘有效性问卷(公司)相关性分析数据

影响因素	统计项	校园招聘有效性
校园招聘有效性	皮尔逊相关性	1
	显著性(双尾)	
	样本数	31
人力资源规划	皮尔逊相关性	0.039
	显著性(双尾)	0.836
	样本数	31
工作分析	皮尔逊相关性	−0.148
	显著性(双尾)	0.425
	样本数	31
招聘规划	皮尔逊相关性	0.010
	显著性(双尾)	0.957
	样本数	31
招聘标准	皮尔逊相关性	0.039
	显著性(双尾)	0.836
	样本数	31
招聘费用	皮尔逊相关性	−0.196
	显著性(双尾)	0.291
	样本数	31
雇主品牌	皮尔逊相关性	0.112
	显著性(双尾)	0.550
	样本数	31
招聘宣传	皮尔逊相关性	−0.231
	显著性(双尾)	0.210
	样本数	31

(续表)

影响因素	统计项	校园招聘有效性
校企合作	皮尔逊相关性	−0.265
	显著性(双尾)	0.149
	样本数	31
校招启动时间	皮尔逊相关性	−0.186
	显著性(双尾)	0.318
	样本数	31
招聘流程	皮尔逊相关性	−0.009
	显著性(双尾)	0.961
	样本数	31
录用流程	皮尔逊相关性	−0.213
	显著性(双尾)	0.250
	样本数	31
人才测评技术	皮尔逊相关性	−0.102
	显著性(双尾)	0.587
	样本数	31
招聘人员胜任力	皮尔逊相关性	−0.181
	显著性(双尾)	0.331
	样本数	31
招聘相关人员态度	皮尔逊相关性	−0.011
	显著性(双尾)	0.953
	样本数	31
公司地理位置	皮尔逊相关性	0.073
	显著性(双尾)	0.694
	样本数	31
公司性质	皮尔逊相关性	−0.247
	显著性(双尾)	0.181
	样本数	31

（续表）

影响因素	统计项	校园招聘有效性
薪酬福利	皮尔逊相关性	0.195
	显著性（双尾）	0.294
	样本数	31
招聘效果评估	皮尔逊相关性	−0.102
	显著性（双尾）	0.584
	样本数	31
用工形式	皮尔逊相关性	−0.003
	显著性（双尾）	0.986
	样本数	31
公司招聘形式	皮尔逊相关性	−0.002
	显著性（双尾）	0.989
	样本数	31
工作环境	皮尔逊相关性	0.010
	显著性（双尾）	0.959
	样本数	31
高校实力	皮尔逊相关性	0.004
	显著性（双尾）	0.982
	样本数	31
高校专业匹配度	皮尔逊相关性	−0.237
	显著性（双尾）	0.199
	样本数	31
高校地理位置	皮尔逊相关性	−0.228
	显著性（双尾）	0.217
	样本数	31
个人素质	皮尔逊相关性	0.225
	显著性（双尾）	0.224
	样本数	31

（续表）

影响因素	统计项	校园招聘有效性
行业了解程度	皮尔逊相关性	−0.492**
	显著性（双尾）	0.005
	样本数	31
个人职业规划	皮尔逊相关性	−0.199
	显著性（双尾）	0.283
	样本数	31

五、航空公司校园招聘有效性问卷（学生）分析

1. 问卷信度检验

信度分析的作用是采用同一种方法重复测量出的结果的一致程度。克隆巴赫信度系数（Cronbach α 系数）如果在 0.8 以上，则该问卷信度非常好；信度系数在 0.7 以上都是可以接受；如果在 0.6 以上，则该问卷需要进行修订，但仍然有一定的价值；如果低于 0.6，问卷就需要重新设计[44]。

校正项总计相关性（CITC）：表示该题与其余题总分的积差相关系数，此系数的数值愈高，表示该题与其余题的内部一致性越高。此指标用于判断题是否应该作删除处理，如果值小于 0.3，通常应该考虑将对应题进行删除处理；项已删除的 α 系数：表示该题删除后，其余题项变量构成的分量表的 α 系数改变情形。如果该值明显高于“α 系数”值，这就应该考虑将对应项进行删除处理[44]。“航空公司校园招聘有效性问卷（学生）分析”问卷信度检验如表 4-11 所示。

表 4-11　航空公司校园招聘有效性问卷（学生）信度检验数据

问题编码	影响因素	样本数	校正项总计相关性（CITC）	项已删除的 α 系数	Cronbach α 系数
A2	校园招聘有效性	406	0.35	0.892	0.894
B22	人力资源规划	406	0.391	0.892	
B23	招聘规划	406	0.445	0.89	
B24	招聘标准	406	0.428	0.891	
B25	雇主品牌	406	0.465	0.89	

（续表）

问题编码	影响因素	样本数	校正项总计相关性(CITC)	项已删除的 α 系数	Cronbach α 系数
B26	公司口碑	406	0.522	0.889	0.894
B27	招聘宣传	406	0.463	0.89	
B28	校企关系	406	0.455	0.89	
B29	校招启动时间	406	0.442	0.891	
B30	招聘流程	406	0.45	0.89	
B31	人才测评技术	406	0.346	0.893	
B32	招聘相关人员态度	406	0.54	0.889	
B33	公司地理位置	406	0.523	0.889	
B34	公司性质	406	0.328	0.893	
B35	薪酬福利	406	0.473	0.89	
B36	公司面试集中程度	406	0.332	0.893	
B37	公司文化	406	0.557	0.889	
B38	用工形式	406	0.355	0.892	
B39	工作环境	406	0.432	0.891	
C4	高校就业工作支持力度	406	0.445	0.891	
C5	高校实力	406	0.523	0.889	
C6	高校专业匹配度	406	0.42	0.891	
C7	高校地理位置	406	0.449	0.89	
D4	行业了解程度	406	0.499	0.889	
D5	个人素质	406	0.512	0.889	
D6	个人职业规划	406	0.536	0.889	
D7	职业发展	406	0.545	0.889	
D8	就业重视程度	406	0.505	0.89	
D9	求职技巧	406	0.291	0.894	
D10	家庭期望	406	0.315	0.894	

从表 4-11 可知：信度系数值为 0.894，大于 0.8，因而说明研究数据信度质量很高。针对“项已删除的 α 系数”，分析项被删除后的信度系数值并没有明显的提

升，因而说明题项全部均应该保留，进一步说明研究数据信度水平高。针对“CITC值”，分析项对应的CITC值全部均高于0.2，因而说明分析项之间具有良好的相关关系，同时也说明信度水平良好。综上所述，研究数据信度系数值高于0.8，删除题项后信度系数值并不会明显提高，综合说明数据信度质量高，可用于进一步分析。

2. 问卷样本的分布

统计所在省份是填写时所在省份，基本涵盖和民航类高校所在的城市，由于笔者所在公司在上海，因此上海本地生源以及其他省份到上海工作的问卷填写人员都算作省份为上海，具体统计见表4-12。

表4-12　　航空公司校园招聘有效性问卷(学生)样本地域情况

省份	数量	百分比
上海	87	21.43%
江苏	67	16.50%
天津	45	11.08%
四川	40	9.85%
江西	39	9.61%
陕西	26	6.40%
河南	20	4.93%
辽宁	16	3.94%
湖北	15	3.69%
北京	11	2.71%
广东	9	2.22%
山东	4	0.99%
云南	4	0.99%
河北	3	0.74%
浙江	2	0.49%
山西	2	0.49%
重庆	2	0.49%
安徽	2	0.49%

(续表)

省份	数量	百分比
内蒙古	2	0.49%
湖南	2	0.49%
山东	2	0.49%
吉林	1	0.25%
福建	1	0.25%
河南	1	0.25%
黑龙江	1	0.25%
贵州	1	0.25%
海南	1	0.25%
合计	406	100%

问卷填写人员来源主要是笔者所在公司的 2017 年和 2018 年应届毕业生，以及各民航类高校学生。由于航空公司中，机务维修类岗位招聘占比大，且一般仅招男生，因此问卷填写人员中男性占比大。在年龄维度，专科毕业学生以 20～21 岁居多，而硕士毕业学生大多在 25 岁左右，部分学制三年半的硕士学生会到 26 岁。高校的分布涵盖了所有类型的高校，而占比基本符合航空公司招聘人员时对高校要求的比例。综上所述，问卷填写人员来源不同保证了样本足够的多样性和代表性，使得问卷答案有较好的信度和效度。具体见表 4-13。

表 4-13　　航空公司校园招聘有效性问卷(学生)人员信息

基本信息	题项	有效频率	有效百分比
毕业高校类型	民航类高校	316	77.83%
	非民航类高校	90	22.17%
性别	女	119	29.31%
	男	287	70.69%
年龄	20～21 岁	93	22.91%
	22～23 岁	250	61.58%
	24～25 岁	53	13.05%
	26 岁及以上	10	2.46%

（续表）

基本信息	题项	有效频率	有效百分比
最高学历	高职（专科）	40	9.85%
	本科	344	84.73%
	硕士及以上	22	5.42%
最高学历的高校特性	985高校	18	4.43%
	211高校	90	22.17%
	普通本科类高校	266	65.52%
	普通专科类高校	32	7.88%
目前工作年限	已签三方协议，将于2018年7月入职	269	66.26%
	1年以下	122	30.05%
	1～2年	9	2.22%
	2年及以上	6	1.48%
所在企业的性质	国有企业（事业单位）	102	25.12%
	民营企业	193	47.54%
	外商独资	7	1.72%
	中外合资	14	3.45%
	其他	90	22.17%
在校园招聘中求职方向（可多选）	民航类岗位（如签派员、机务维修、商务员等）	306	75.37%
	非民航类岗位（如人事、行政、财务、市场及销售等）	100	24.63%
	其他	29	7.14%

3. 影响因素的描述统计

首先根据态度量表对应的分值，得出问卷中每个问题的均值，由于所有问题都是正向提问，因此得分越高，即表明该因素越得到认可。具体见表4-14。

表 4-14　　航空公司校园招聘有效性问卷(高校)态度量表

态度量表	A 完全不同意	B 不同意	C 不确定	D 比较同意	E 完全同意
分值	1	2	3	4	5

通过将数据导入 SPSS24 软件中，选择描述性统计中最小值、最大值、平均值及标准差。运算获得变量的描述统计见表 4-15。

表 4-15　　航空公司校园招聘有效性问卷(学生)描述统计数据

问题编码	影响因素	样本数	最小值	最大值	平均值	标准差
A2	校园招聘有效性	406	1	5	3.1724	1.04932
B22	人力资源规划	406	1	5	3.6576	0.99804
B23	招聘规划	406	1	5	3.83	1.01989
B24	招聘标准	406	1	5	3.7734	1.02939
B25	雇主品牌	406	1	5	4.0271	0.9279
B26	公司口碑	406	1	5	3.9212	0.89094
B27	招聘宣传	406	1	5	3.2291	0.99343
B28	校企关系	406	1	5	3.6084	0.90093
B29	校招启动时间	406	1	5	3.4778	1.10364
B30	招聘流程	406	1	5	3.9113	0.99729
B31	人才测评技术	406	1	5	3.0148	1.2191
B32	招聘相关人员态度	406	1	5	3.931	0.88341
B33	公司地理位置	406	1	5	3.9951	0.95321
B34	公司性质	406	1	5	3.133	1.02898
B35	薪酬福利	406	1	5	3.8892	0.88891
B36	公司面试集中程度	406	1	5	3.4606	1.02905
B37	公司文化	406	1	5	4.1108	0.87491
B38	用工形式	406	1	5	3.3424	1.03687
B39	工作环境	406	1	5	3.6084	0.95934
C4	高校就业工作支持力度	406	1	5	3.3251	1.13212
C5	高校实力	406	1	5	3.6552	1.01559

（续表）

问题编码	影响因素	样本数	最小值	最大值	平均值	标准差
C6	高校专业匹配度	406	1	5	3.8079	1.13204
C7	高校地理位置	406	1	5	3.6453	1.09423
D4	行业了解程度	406	1	5	3.5665	1.01069
D5	个人素质	406	1	5	4.1158	0.86003
D6	个人职业规划	406	1	5	3.6576	0.91815
D7	职业发展	406	1	5	4.3079	0.81425
D8	就业重视程度	406	1	5	4.133	0.89279
D9	求职技巧	406	1	5	3.4778	1.06028
D10	家庭期望	406	1	5	3.1281	1.18981

描述性统计分析的目的在于对于一组数据的整体情况进行概括和描述，能够更好地理解数据中所含的信息，从总体上把握数据的质量和属性，了解问卷中各项问题的差异性。平均数表示被调查对各项的认同程度，平均数越大对项目的认同程度越高，而标准差表示所有问卷填写人员的态度是否相近，标准差越小态度的一致性越高。

由表 4-15 的平均值维度来看，平均值最高的前三项分别是 D7 职业发展、D8 就业重视程度、D5 个人素质，是调查者最认同的三项。而最不认同的三项分别为 B34 公司性质、D10 家庭期望、B31 人才测评技术。在标准差维度来看，问卷填写人员态度一致性较高的分别为 D7 职业发展、D5 个人素质、B37 公司文化，而分歧较大的是 C4 高校就业工作支持力度、D10 家庭期望、B31 人才测评技术。

4. 影响因素的相关性分析

相关分析用于研究定量数据之间的关系，包括是否有关系，以及关系的紧密程度等。笔者通过校招航空公司校园招聘有效性调查问卷（公司角度）、校招航空公司校园招聘有效性调查问卷（学生角度）、、校招航空公司校园招聘有效性调查问卷（高校角度）三份问卷的数据统计，采用皮尔逊（Pearson）相关性分析分别衡量三组样本的每种因素与校招有效性的相关程度。根据皮尔逊相关性系数，来区分正相关与负相关，排列影响程度的强弱。

由表 4-15 中相关矩阵可知，校园招聘有效性与 29 个因素均为正相关。相关性由强至弱排列依次为行业了解程度、高校实力、人力资源规划、公司口碑、招聘宣传、校招启动时间、个人素质、公司地理位置、高校业就工作支持力度、招聘标准、高校地理位置、招聘规划、高校专业匹配度、个人职业规划、校企关系、家庭期望、人才测评技术、雇主品牌、工作环境、公司文化、职业发展、公司性质、薪酬福利、就业重视程度、在 0.01 级别(双尾),相关性显著。

校园招聘有效性与招聘人员胜任力、用工形式在 0.05 级别(双尾),相关性显著。

校园招聘有效性与以下因素正相关,正相关程度由强至弱排列依次为招聘流程、公司面试集中程度、求职技巧。

各影响因素与校园招聘有效性的相关性分析结果见表 4-16。

表 4-16　　航空公司校园招聘有效性问卷(学生)相关性分析数据

影响因素	统计项	校园招聘有效性
校园招聘有效性	皮尔逊相关性	1
	显著性(双尾)	/
	样本数	406
人力资源规划	皮尔逊相关性	0.259**
	显著性(双尾)	0.000
	样本数	406
招聘规划	皮尔逊相关性	0.182**
	显著性(双尾)	0.000
	样本数	406
招聘标准	皮尔逊相关性	0.194**
	显著性(双尾)	0.000
	样本数	406
雇主品牌	皮尔逊相关性	0.168**
	显著性(双尾)	0.001
	样本数	406
公司口碑	皮尔逊相关性	0.250**
	显著性(双尾)	0.000
	样本数	406

（续表）

影响因素	统计项	校园招聘有效性
招聘宣传	皮尔逊相关性	0.230**
	显著性(双尾)	0.000
	样本数	406
校企关系	皮尔逊相关性	0.179**
	显著性(双尾)	0.000
	样本数	406
校招启动时间	皮尔逊相关性	0.229**
	显著性(双尾)	0.000
	样本数	406
招聘流程	皮尔逊相关性	0.078
	显著性(双尾)	0.115
	样本数	406
人才测评技术	皮尔逊相关性	0.170**
	显著性(双尾)	0.001
	样本数	406
招聘人员胜任力	皮尔逊相关性	0.111*
	显著性(双尾)	0.025
	样本数	406
公司地理位置	皮尔逊相关性	0.196**
	显著性(双尾)	0.000
	样本数	406
公司性质	皮尔逊相关性	0.150**
	显著性(双尾)	0.002
	样本数	406
薪酬福利	皮尔逊相关性	0.145**
	显著性(双尾)	0.003
	样本数	406

（续表）

影响因素	统计项	校园招聘有效性
公司面试集中程度	皮尔逊相关性	0.059
	显著性（双尾）	0.236
	样本数	406
公司文化	皮尔逊相关性	0.159**
	显著性（双尾）	0.001
	样本数	406
用工形式	皮尔逊相关性	0.107*
	显著性（双尾）	0.032
	样本数	406
工作环境	皮尔逊相关性	0.163**
	显著性（双尾）	0.001
	样本数	406
高校就业工作支持力度	皮尔逊相关性	0.196**
	显著性（双尾）	0.000
	样本数	406
高校实力	皮尔逊相关性	0.260**
	显著性（双尾）	0.000
	样本数	406
高校专业匹配度	皮尔逊相关性	0.182**
	显著性（双尾）	0.000
	样本数	406
高校地理位置	皮尔逊相关性	0.187**
	显著性（双尾）	0.000
	样本数	406
行业了解程度	皮尔逊相关性	0.283**
	显著性（双尾）	0.000
	样本数	406

（续表）

影响因素	统计项	校园招聘有效性
个人素质	皮尔逊相关性	0.199**
	显著性（双尾）	0.000
	样本数	406
个人职业规划	皮尔逊相关性	0.182**
	显著性（双尾）	0.000
	样本数	406
职业发展	皮尔逊相关性	0.154**
	显著性（双尾）	0.002
	样本数	406
就业重视程度	皮尔逊相关性	0.134**
	显著性（双尾）	0.007
	样本数	406
求职技巧	皮尔逊相关性	0.015
	显著性（双尾）	0.770
	样本数	406
家庭期望	皮尔逊相关性	0.174**
	显著性（双尾）	0.000
	样本数	406

六、航空公司校园招聘有效性问卷（高校）分析

1. 问卷信度检验

信度分析的作用是采用同一种方法重复测量出的结果的一致程度。克隆巴赫信度系数（Cronbach α 系数）如果在 0.8 以上，则该问卷信度非常好；信度系数在 0.7 以上都是可以接受；如果在 0.6 以上，则该问卷需要进行修订，但仍然有一定的价值；如果低于 0.6，问卷就需要重新设计[44]。

校正项总计相关性（CITC）：表示该题与其余题总分的积差相关系数，此系数的数值愈高，表示该题与其余题的内部一致性越高。此指标用于判断题是否应该作删除处理，如果值小于 0.3，通常应该考虑将对应题进行删除处理；项已删除的 α

系数:表示该题删除后,其余题项变量构成的分量表的 α 系数改变情形。如果该值明显高于“α 系数”值,这就应该考虑将对应项进行删除处理[44]。具体见表 4-17。

表 4-17　　航空公司校园招聘有效性问卷(高校)信度检验数据

问题编码	影响因素	校正项总计相关性(CITC)	项已删除的 α 系数	Cronbach α 系数
A3	校园招聘有效性	0.417	0.908	0.909
B40	人力资源规划	0.241	0.91	
B41	招聘规划	0.493	0.906	
B42	招聘标准	0.561	0.905	
B43	雇主品牌	0.795	0.901	
B44	公司口碑	0.684	0.903	
B45	招聘宣传	0.581	0.904	
B46	校企关系	0.745	0.902	
B47	高校协助宣传	0.608	0.904	
B48	实习留用机会	0.7	0.902	
B49	校招启动时间	0.595	0.904	
B50	录用流程	0.795	0.902	
B51	人才测评技术	0.514	0.906	
B52	公司地理位置	0.533	0.906	
B53	公司性质	0.274	0.91	
B54	薪酬福利	0.302	0.91	
B55	公司招聘形式	0.339	0.909	
B56	用工形式	0.219	0.913	
C8	高校就业工作支持力度	0.733	0.902	
C9	高校实力	0.608	0.904	
C10	高校专业匹配度	0.537	0.905	
C11	高校地理位置	0.431	0.908	
D11	行业了解程度	0.605	0.904	
D12	个人素质	0.408	0.908	
D13	家庭期望	0.32	0.909	

从上表可知：信度系数值为0.909，大于0.8，因而说明研究数据信度质量很高。针对“项已删除的α系数”，分析项被删除后的信度系数值并没有明显的提升，因而说明题项全部均应该保留，进一步说明研究数据信度水平高。针对“CITC值”，分析项对应的CITC值全部均高于0.2，因而说明分析项之间具有良好的相关关系，同时也说明信度水平良好。综上所述，研究数据信度系数值高于0.8，删除题项后信度系数值并不会明显提高，综合说明数据信度质量高，可用于进一步分析。

2. 问卷样本的分布

航空公司主要招聘的高校中，211和普通高等高校占比大，在985高校一般招聘职能支持部门的职位，包括人事、行政、财务及市场等岗位。在所在高校的学历层次方面，含有研究生、本科、高职（专科）的高校比重大。问卷填写人员中，有高校就业老师以及更为了解学生情况的辅导员，所有人员中过半数的人员有4年以上学生工作经验，经验较为丰富。综上所述，此问卷填写人员经验丰富，来自不同高校，保证了样本足够的多样性和代表性，使得问卷答案有较好的信度和效度。具体见表4-18。

表4-18　航空公司校园招聘有效性问卷（高校）样本地域情况

基本信息	题项	有效频率	有效百分比
所在高校的高校特性	985	1	3.13%
	211	14	43.75%
	普通高等高校	17	53.13%
所在高校的学历层次	高校含有研究生、本科、高职（专科）	24	75.00%
	高校含有本科、高职（专科）	2	6.25%
	高校含有高职（专科）	6	18.75%
职务	高校就业老师	14	43.75%
	辅导员	17	53.13%
	其他	1	3.13%
负责学生就业工作的年限	0～3年	15	46.88%
	4～6年	8	25.00%
	7～9年	6	18.75%
	10年及以上	3	9.38%

3. 影响因素的描述统计

首先根据态度量表对应的分值，得出问卷中每个问题的均值，由于所有问题都是正向提问，因此得分越高，即表明该因素越得到认可。具体见表 4-19。

表 4-19　　航空公司校园招聘有效性问卷（高校）态度量表

态度量表	A 完全不同意	B 不同意	C 不确定	D 比较同意	E 完全同意
分值	1	2	3	4	5

通过将数据导入 SPSS24 软件中，选择描述性统计中最小值、最大值、平均值及标准差。运算获得变量的表述如表 4-20 所示。

表 4-20　　航空公司校园招聘有效性问卷（高校）描述统计数据

问题编码	影响因素	样本数	最小值	最大值	平均值	标准差
A3	校园招聘有效性	32	1	5	3.8438	1.05063
B40	人力资源规划	32	2	5	3.9375	0.87759
B41	招聘规划	32	1	5	3.0625	1.10534
B42	招聘标准	32	1	5	3.8438	0.98732
B43	雇主品牌	32	1	5	4.375	0.79312
B44	公司口碑	32	1	5	4.4375	0.91361
B45	招聘宣传	32	1	5	3.375	0.97551
B46	校企关系	32	1	5	4.4688	0.84183
B47	高校协助宣传	32	1	5	4.0313	0.96668
B48	实习留用机会	32	1	5	4	0.91581
B49	校招启动时间	32	1	5	3.2188	1.09939
B50	录用流程	32	1	5	4.1563	0.76662
B51	人才测评技术	32	1	5	3.25	1.016
B52	公司地理位置	32	2	5	4.2188	0.65915
B53	公司性质	32	1	5	2.3438	0.78738
B54	薪酬福利	32	2	5	3.5	1.016
B55	公司招聘形式	32	1	5	2.6563	1.03517
B56	用工形式	32	1	5	3.25	1.27

（续表）

问题编码	影响因素	样本数	最小值	最大值	平均值	标准差
C8	高校就业工作支持力度	32	1	5	4.0625	0.84003
C9	高校实力	32	1	5	4	0.98374
C10	高校专业匹配度	32	1	5	4.2813	1.02342
C11	高校地理位置	32	1	5	3.5625	1.21649
D11	行业了解程度	32	1	5	3.9688	1.03127
D12	个人素质	32	2	5	4.1563	0.76662
D13	家庭期望	32	2	5	3.8438	0.57414

描述性统计分析的目的在于对于一组数据的整体情况进行概括和描述，能够更好地理解数据中所含的信息，从总体上把握数据的质量和属性，了解问卷中各项问题的差异性。平均数表示被调查对各项的认同程度，平均数越大对项目的认同程度越高，而标准差表示所有问卷填写人员的态度是否相近，标准差越小态度的一致性越高。

由表 4-20 的平均值维度来看，平均值最高的前三项分别是 B46 校企关系、B44 公司口碑、B43 雇主品牌，是调查者最为认同的三项。而最不认同的三项分别为 B41 招聘规划、B55 公司招聘形式、B53 公司性质。从标准差维度来看，问卷填写人员态度一致性较高的分别为 D13 家庭期望、B52 公司地理位置、B50 录用流程，而分歧较大的是 B41 招聘规划、C11 高校地理位置、B56 用工形式。

4. 影响因素的相关性分析

相关分析用于研究定量数据之间的关系，包括是否有关系，以及关系的紧密程度等。笔者通过校招航空公司校园招聘有效性调查问卷（公司角度）、校招航空公司校园招聘有效性调查问卷（学生角度）、校招航空公司校园招聘有效性调查问卷（高校角度）三份问卷的数据统计，采用皮尔逊（Pearson）相关性分析分别衡量三组样本的每种因素与校招有效性的相关程度。根据皮尔逊相关性系数，来区分正相关与负相关，排列影响程度的强弱。

由表 4-20 中相关矩阵可知，校园招聘有效性雇主品牌、公司口碑、录用流程、高校专业匹配度及校企关系在 0.01 级别（双尾），正相关且相关性显著。

校园招聘有效性与实习留用机会、行业了解程度、高校实力在 0.05 级别（双尾），正相关且相关性显著。

校园招聘有效性与以下因素正相关，正相关程度由强至弱排列依次为高校协助宣传、校招启动时间、公司地理位置、招聘宣传、招聘规划、招聘标准、人才测评技术、高校地理位置、个人素质和公司招聘形式。

校园招聘有效性与以下因素负相关，负相关程度由强至弱排列依次为公司性质、薪酬福利、用工形式、家庭期望和人力资源规划。

各影响因素与校园招聘有效性的相关性分析结果见表 4-21。

表 4-21 航空公司校园招聘有效性问卷(高校)相关性分析数据

影响因素	统计项	校园招聘有效性
校园招聘有效性	皮尔逊相关性	1
	显著性(双尾)	/
	样本数	32
人力资源规划	皮尔逊相关性	−0.011
	显著性(双尾)	0.953
	样本数	32
招聘规划	皮尔逊相关性	0.175
	显著性(双尾)	0.337
	样本数	32
招聘标准	皮尔逊相关性	0.162
	显著性(双尾)	0.375
	样本数	32
雇主品牌	皮尔逊相关性	0.537**
	显著性(双尾)	0.002
	样本数	32
公司口碑	皮尔逊相关性	0.510**
	显著性(双尾)	0.003
	样本数	32
招聘宣传	皮尔逊相关性	0.185
	显著性(双尾)	0.311
	样本数	32

（续表）

影响因素	统计项	校园招聘有效性
校企关系	皮尔逊相关性	0.450**
	显著性(双尾)	0.010
	样本数	32
高校协助宣传	皮尔逊相关性	0.323
	显著性(双尾)	0.072
	样本数	32
实习留用机会	皮尔逊相关性	0.436*
	显著性(双尾)	0.013
	样本数	32
校招启动时间	皮尔逊相关性	0.310
	显著性(双尾)	0.084
	样本数	32
录用流程	皮尔逊相关性	0.472**
	显著性(双尾)	0.006
	样本数	32
人才测评技术	皮尔逊相关性	0.159
	显著性(双尾)	0.386
	样本数	32
公司地理位置	皮尔逊相关性	0.237
	显著性(双尾)	0.191
	样本数	32
公司性质	皮尔逊相关性	−0.128
	显著性(双尾)	0.485
	样本数	32
薪酬福利	皮尔逊相关性	−0.076
	显著性(双尾)	0.681
	样本数	32

（续表）

影响因素	统计项	校园招聘有效性
公司招聘形式	皮尔逊相关性	0.038
	显著性（双尾）	0.836
	样本数	32
用工形式	皮尔逊相关性	−0.066
	显著性（双尾）	0.718
	样本数	32
高校就业工作支持力度	皮尔逊相关性	0.450**
	显著性（双尾）	0.010
	样本数	32
高校实力	皮尔逊相关性	0.406*
	显著性（双尾）	0.021
	样本数	32
高校专业匹配度	皮尔逊相关性	0.462**
	显著性（双尾）	0.008
	样本数	32
高校地理位置	皮尔逊相关性	0.071
	显著性（双尾）	0.699
	样本数	32
行业了解程度	皮尔逊相关性	0.412*
	显著性（双尾）	0.019
	样本数	32
个人素质	皮尔逊相关性	0.071
	显著性（双尾）	0.698
	样本数	32
家庭期望	皮尔逊相关性	−0.042
	显著性（双尾）	0.820
	样本数	32

七、结果与讨论

综合三份问卷“航空公司校园招聘有效性(公司)角度”“航空公司校园招聘有效性(学生)角度”“航空公司校园招聘有效性(高校)角度”的平均值维度，为找着关键因素，故保留平均值 4.0 以上的因素，并整合后将平均值由高到低排序。从表 4-21 中可以看到，三份问卷中唯一重复的因素是雇主品牌，可见无论从何种角度来看，雇主品牌在校园招聘工作中已经成为最重要的因素。具体见表 4-22。

表 4-22　问卷调查综合描述性统计数据

影响因素	平均值	标准差	数据来源
招聘标准	4.6452	0.48637	公司问卷
雇主品牌	4.6129	0.71542	公司问卷
招聘规划	4.5484	0.6239	公司问卷
高校实力	4.5161	0.508	公司问卷
用工形式	4.4839	0.62562	公司问卷
个人素质	4.4839	0.56985	公司问卷
校企关系	4.4688	0.84183	高校问卷
招聘相关人员态度	4.4516	0.56796	公司问卷
公司口碑	4.4375	0.91361	高校问卷
雇主品牌	4.375	0.79312	高校问卷
职业发展	4.3079	0.81425	学生问卷
人力资源规划	4.2903	0.97275	公司问卷
录用流程	4.2903	0.73908	公司问卷
高校专业匹配度	4.2813	1.02342	高校问卷
校企合作	4.2581	0.85509	公司问卷
高校专业匹配度	4.2581	0.68155	公司问卷
工作分析	4.2258	1.11683	公司问卷
公司地理位置	4.2188	0.65915	高校问卷
录用流程	4.1563	0.76662	高校问卷

（续表）

影响因素	平均值	标准差	数据来源
个人素质	4.1563	0.76662	高校问卷
就业重视程度	4.133	0.89279	学生问卷
个人素质	4.1158	0.86003	学生问卷
公司文化	4.1108	0.87491	学生问卷
高校就业工作支持力度	4.0625	0.84003	高校问卷
高校协助宣传	4.0313	0.96668	高校问卷
雇主品牌	4.0271	0.9279	学生问卷
实习留用机会	4	0.91581	高校问卷
高校实力	4	0.98374	高校问卷

综合三份问卷“航空公司校园招聘有效性（公司）角度”“航空公司校园招聘有效性（学生）角度”“航空公司校园招聘有效性（高校）角度”的相关性维度，各选取6个因素，并整合后将相关性由高到低排序。从表4-22可以看到，雇主品牌是相关性最高的因素，而重复的因素是雇主品牌及个人素质。具体见表4-23。

表4-23　　问卷调查综合相关性分析数据

影响因素	校园招聘有效性相关性	数据来源
雇主品牌	0.537**	高校问卷
公司口碑	0.510**	高校问卷
录用流程	0.472**	高校问卷
高校专业匹配度	0.462**	高校问卷
校企关系	0.450**	高校问卷
高校就业工作支持力度	0.450**	高校问卷
实习留用机会	0.436*	高校问卷
行业了解程度	0.283**	学生问卷
高校实力	0.260**	学生问卷
人力资源规划	0.259**	学生问卷
公司口碑	0.250**	学生问卷

（续表）

影响因素	校园招聘有效性相关性	数据来源
招聘宣传	0.230**	学生问卷
校招启动时间	0.229**	学生问卷
个人素质	0.199**	学生问卷
个人素质	0.225	公司问卷
薪酬福利	0.195	公司问卷
雇主品牌	0.112	公司问卷
公司地理位置	0.073	公司问卷
人力资源规划	0.039	公司问卷
招聘标准	0.039	公司问卷

去除重复的因素后，从平均值维度来看，招聘标准、雇主品牌、招聘规划、职业发展、就业重视程度、个人素质、校企关系及公司口碑是最重要的因素。从相关性的维度来看，高校地理位置、招聘规划、人力资源规划、行业了解程度、高校实力、雇主品牌、公司口碑及录用流程是最重要的因素。而两个维度重复的因素是雇主品牌和公司口碑，需要更加关注。具体见表4-24。

表4-24　问卷调查综合重点因素

问卷名称	平均值	相关性
航空公司校园招聘有效性(公司)角度	招聘标准、雇主品牌、招聘规划	个人素质、薪酬福利、雇主品牌
航空公司校园招聘有效性(学生)角度	职业发展、就业重视程度、个人素质	行业了解程度、高校实力、人力资源规划
航空公司校园招聘有效性(高校)角度	校企关系、公司口碑、雇主品牌	雇主品牌、公司口碑、录用流程

根据以上数据统计、分析的结果，可以得出结论如下：

(1) 雇主品牌和公司口碑是最为重要的两个因素。在调研之初，就发现众多学生谈到了学长学姐或老师的推荐，极大地影响了他们的选择。因此，将雇主品牌与公司口碑分成两个因素。为了将雇主品牌与公司口碑作区分，因此将公司口碑定义为学生周围人的推荐程度。通过研究证实，雇主品牌与公司口碑都非常重要。在实际提升校园招聘有效性方法中，由于雇主品牌受制于公司品牌，因此无法短期内大幅度提升。但是，由学生周围人的推荐，则相对容易得多。

(2) 薪酬福利因素的影响并没有公司认为的那么大。在公司问卷中，众多公司的招聘人员认为薪资极大地影响了校园招聘的有效性，只要薪酬足够高、福利足够好，就能招聘到大量应届毕业生。但是从数据分析情况来看，并非如此。在学生问卷中，薪资福利因素的相关性排在 30 个因素中的 23 位，在高校问卷中，薪资福利因素的相关性排在 25 个因素中的 23 位。可能的原因是民航类高校的学生，在高考择校时已经对民用航空行业有一定了解，他们了解到民用航空行业的薪酬福利差异并不大，因此，更多关注点放在雇主品牌或其他因素上。薪酬福利并不是首要的，由此可见，把提高校招有效性的重点放在增加薪酬福利，并不能有效提升招聘的成功率。

(3) 影响校园招聘有效性的 12 个关键因素是招聘标准、雇主品牌、招聘规划、职业发展、就业重视程度、个人素质、校企关系、公司口碑、行业了解程度、高校实力、人力资源规划及录用流程。

由于众多文献将校招有效性影响因素进行排序，但就实际工作来看，排序并无意义。实际工作中不会因为某一个因素排序靠后而忽略该因素，因此，本专著将影响校招有效性的关键因素列举出，不排序。综合三份问卷来看，从平均值的角度，影响校园招聘有效性的核心因素是招聘标准、雇主品牌、招聘规划、职业发展、就业重视程度、个人素质、校企关系、公司口碑及雇主品牌。从相关性的角度，影响校园招聘有效性的核心因素是个人素质、雇主品牌、行业了解程度、高校实力、人力资源规划、雇主品牌、公司口碑及录用流程。由于学生角度问卷和公司角度问卷中的薪酬福利相关性不高，因此将此项删除。

第五章

2018 年 S 航空公司秋季校园招聘有效性分析

本章将采用实际案例分析，以 S 航空公司的校园招聘有效性的评价，来印证校园招聘有效应影响因素的重要程度和相关程度，从而提出校招有效性提升建议。

在招聘有效性文献综述中已归纳总结招聘有效性评价体系，由于该体系无法直接应用在校园招聘的评价中，因此在参考该体系的情况下结合 S 航空公司的实际情况，做 S 航空公司的校园招聘有效性评价。对于 S 航空公司校招有效性提升的建议，是基于第三章、第四章的访谈和问卷，也基于实际案例研究，而提出的建议，考虑到提升建议需要落地，需要有实际操作意义和价值，具有一定的普遍意义。因此，将提高校园招聘有效性的建议结合 S 航空公司的情况，在本章中提出，不再另成一章。

一、S 航空公司介绍

1. S 航空公司情况简介

S 航空公司成立于 2002 年，是 H 集团下以上海和深圳为主运营基地的航空公司。截至 2018 年 6 月底，S 航空公司共运营飞机 28 架，国际、国内航线 50 多条，通航城市达到了 40 多个。成立初期，S 航空公司以货运业务为主营业务，并于 2015 年 12 月拓展了客运业务。伴随着客运业务拓展而来的是公司由原来的平稳发展期，变化为快速发展期，需要补充大量的人员。在招聘预算有限、人力物力紧张的情况下，S 航空公司决定采用校园招聘来满足大量的用人需求。因此，校园招聘成为该公司满足人力资源需求的主要方法。本案例将参考彭移风(2008)的招聘评价体系来对 2018 年 S 航空公司的秋季校园招聘做有效性分析。

2. S 航空公司招聘标准及流程

S 航空公司的招聘流程共 6 个部分。第一部分是简历筛选，依据 S 航空公司的招聘管理规定进行筛选。第二部分是专业笔试，机务维修类、签派类、IT 类、财务类需要做专业题目的笔试。第三部分是在线测评,包含心理测评及行政能力测试。第四部分是初试,包含无领导小组讨论和结构化面试。第五部分是复试,包含非结构化面试和英语口语测试。第六部分是内部报批及签订三方协议。下文中提到的报文人数即内部报批流程完成的人数。

S航空公司的招聘标准由于过于具体的涉及了公司信息,因此无法在本文中写明。招聘标准主要涵盖学历、高校、专业、英语四个维度。岗位分类具体见表5-1。

表5-1　　S航空公司岗位分类

岗位类别	分类描述	涵盖岗位
职能支持类(A类)	与集团各管控体系相对应的通用管理职能类岗位	行政/宣传/公关/后勤类、人力资源类、审计法务类、合规类、战略研究类、项目管理类、财务会计类、IT管理类、采购管理类、金融/证券/投资/项目管理类
业务技术类(B类)	具有较强的行业属性、并直接支持服务于生产业务发展的专业技术岗位	市场营销/开发策划类、采购贸易类、基建类、物流管理类、IT研发类、保险/信贷设计类、质量控制/安全管理类、编辑/新闻/媒体类、美术/设计/广告创意类、生产技术类、生产运营管理类
特业类(C类)	飞行员、乘务员等有国家强制标准或工作要求的专业岗位。	航务类、机务维修类、飞行类、乘务类
生产服务类(D类)	直接参与企业生产运营和客户服务的各类岗位	空勤保障类、地面服务类、客户服务类、机场运行保障类、机场安全保卫类、物流业务类、物业管理/服务类、销售/客服类、地面物流/仓储类、进出口/贸易报关类、汽车驾驶/维修类等

二、秋季校招概况

S航空公司校园招聘工作组于2017年9月至11月间开展了2018校园招聘工作。今年的秋季校园招聘工作已全部结束,现将相关工作情况汇报如下。

2018年秋季校招共分为两个部分,第一部分是S航空公司自主招聘,招聘周期为9月至11月;第二部分是参与H集团组织的秋招联合招聘,9月16日及11月25日。具体行程见表5-2。

秋季校园招聘指标306人,其中机务维修类(C类)150人,其他类别(A类、B类、D类)156人,不含乘务员、安全员、飞行员。共组织9场校园招聘,参加2场H集团组织联合招聘,总计签约127人。其中,机务维修类报文引进133人,签约90人;其他类别报文引进126人,签约37人。

表 5-2　　　S 航空公司 2018 年秋季校招行程

2018 年校招非机务维修类招聘行程						
时间	9 月 11—12 日	9 月 12 日	9 月 13 日	9 月 16 日	9 月 19 日—22 日	11 月 25 日
地区	南京	武汉	长沙	天津	上海	上海
高校	南京大学、东南大学、南京航空航天大学	武汉大学、中南财经政法大学	湖南大学、中南大学	中国民航大学(联合招聘)	华东师范大学、上海工程技术大学、华东理工大学、上海大学	H 集团华东区域复试

2018 年校招机务维修类招聘行程					
时间	9 月 4 日	9 月 6 日	9 月 27 日	10 月 16 日	11 月 14 日
地区	广汉	西安	郑州	广州	天津
高校	广汉飞行学院(以机务为主)	西安航空学院(机务)	郑州航空工业管理学院(机务)	广州民航职业技术学院(以机务为主)	中国民航大学(双选会)

三、招聘结果评价

1. 招聘数量评价

1）招聘完成比

2018 年秋季校招秋季校园招聘完成指标 41.5%。截至 2018 年 1 月，签约职能支持类岗位(A 类)应届毕业生 17 名、业务技术类(B 类)11 名、地面特业类(C 类)90 名、生产服务类(D 类)4 名。指标完成情况如图 5-1 所示。

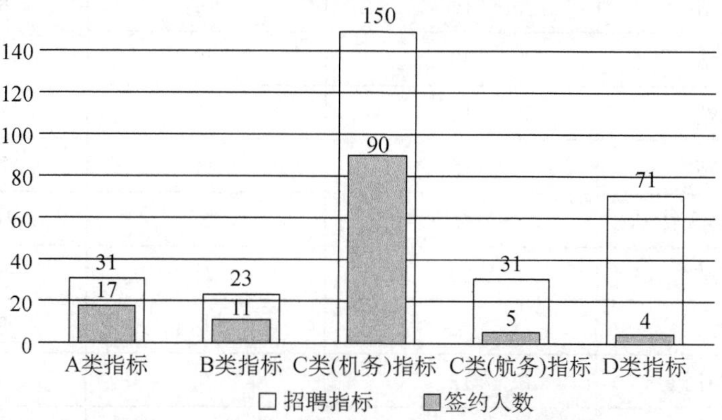

图 5-1　S 航空公司秋季校园招聘指标完成情况

机务类完成率较高，航务签派类、空勤管理类、地面服务类指标完成率较低，IT类、地面服务类、医疗卫生服务类无签约人员。2018年秋季校招秋招重点放在A、B类人员及机务人员招聘，D类指标拟在2018年春季招聘完成。

2）签约率

秋季校招开展时间相比往年提前2周，相比往年3个月的招聘周期，此次秋招周期更短，在1个月内完成。虽A、B类人员引进人数大于招聘指标，但因国内高校三方协议下发时间远晚于招聘时间，及行业竞争力、雇主品牌等原因，整体签约率为49.03%。按人员类型划分，签约率见表5-3。

表5-3 S航空公司秋季校园招聘签约率汇总

人员类型	报文人数	签约人数	签约率
机务人员	133	90	67.67%
非机务人员	126	37	29.37%
整体签约率			49.03%
备注：签约人数为与S航空公司签订三方协议的人数。			

（1）机务维修类

机务维修类校招周期为2017年9月4日—11月14日，周期超过3个月，招聘站点为广汉、西安、郑州、天津和广州。南京站签约2人、上海站14人、广州站1人，机务维修类人员签约率情况见表5-4。

表5-4 S航空公司秋季校园招聘机务维修类人员签约率

站点	报文人数	签约人数	签约率
广汉站	16	14	87.50%
西安站	30	22	73.33%
南京站	11	2	18.18%
上海站	19	14	73.68%
H集团联合天津站	2	2	100.00%
郑州站	35	21	60.00%
广州站	7	6	85.71%
天津站补招	13	9	69.23%
合计	133	90	67.67%

机务维修类签约率相对较高，签约率为 67.67%。除联合招聘外，广汉、西安、广州站签约率较高。广汉、广州为传统机务招聘站点，西安站为 2018 年新增招聘站点，签约人数最多，建议后续机务维修类招聘站点选择时，重点考虑西安站招聘。2018 年天津站由于是 H 集团联合招聘，对 2018 年秋季校招招聘结果影响较大。

（2）非机务维修类

非机务维修类人员招聘周期为 9 月 11 日—9 月 25 日，周期约为 14 天，另于 11 月 25 日，协助 H 集团完成 H 集团华东区域复试工作。秋招主要招聘站点为南京、武汉、长沙和上海。非机务维修类人员签约率情见表 5-5。

表 5-5　S 航空公司秋季校园招聘非机务维修人员签约率

站点	报文人数	签约人数	签约率
南京站	25	3	12.00%
武汉站	15	5	33.33%
长沙站	10	3	30.00%
上海站	47	12	25.53%
广州站	1	0	0.00%
广汉站	4	1	25.00%
西安站	2	0	0.00%
H 集团联合天津站	4	4	100.00%
天津站补招	2	1	50.00%
H 集团划拨	4	2	50.00%
H 集团华东区域复试	12	6	50.00%
合计	126	37	29.37%

2018 年秋季招聘开始时间较早，但签约率非常低，整体签约率仅为 29.37%。招聘时间开始较早，使得此次面试到更多优秀的学生，特别是 A、B 类。但因学生三方协议下发时间与 S 航空公司发放录取通知时间相差一个月，学生仍会面试其他公司，导致面试通过人员大量流失。

从签约率来看，签约率最高的是上海站，最低的是南京站。影响签约率的主要因素有三点：①生源属地化，如上海的学生更希望留在上海。②发放录取通知时间与签订三方时间间隔长短，如上海站普遍在2周至3周内就已经完成了三方签署；反观南京站，发放录取通知后与签订三方相隔约6周。③应聘心态的差异，多数学生在参与S航空公司面试后，表示是首次参加校招面试，对公司和职位并不了解，带着“尝试”的心态参与应聘。他们希望通过大量面试来了解自身的需求。

3）各站点转化率

招聘流程中的各环节都有相应的转化率，从中选取初试转化率。初试的转化率是签约人数与初试人数之比，该指标一定程度上说明了站点招聘效率的高低。通过转化率的比较，在下一年度的招聘行程安排上，应将重点资源安排在高效率的站点，并且高效率的站点应优先安排。

从各站点的初试转化率来看，机务维修类岗位在郑州站和西安站的招聘效率最高，H集团联合天津站的招聘效率最低。建议西安站及郑州站将优先安排，联合招聘尽可能不参与。

而非机务维修类岗位在上海站的招聘效率最高，南京站的效率最低。建议以后招聘非机务维修类岗位可以将重点放在上海本地高校，具体信息见表5-6。

表5-6　　S航空公司秋季校园招聘站点转化率

站点	初试人数	签约人数	初试转化率	类别
广汉站	80	15	18.75%	CD
西安站	59	22	37.29%	C
南京站	93	5	5.38%	ABCD
武汉站	56	5	8.93%	AB
长沙站	20	3	15.00%	AB
上海站	110	27	24.55%	ABCD
H集团联合天津站	63	6	9.52%	BC
郑州站	68	21	30.88%	C
广州站	20	6	30.00%	CD
天津站补招	31	9	29.03%	C
H集团划拨	/	2	/	AB
H集团华东区域复试	/	6	/	AB
合计	600	127	21.17%	ABCD

4）往年数据对比

横向比较 2016 年至 2018 年秋季校园招聘数据，可以看到 2018 年秋招在复试通过人数、签约人数方面都有进步。在招聘周期方面，周期更短，意味着在较短的时间内招聘到较多的人，效率有所提高。在初试转化率方面，提高了 2.51%，招聘效率有所提高。但是，签约率逐年下降，学生普遍不期望去往上海等一线城市是一方面因素，另一方面可能与公司招聘时间过早有关。这也说明，在提高签约率方面有很大的提升空间。具体见表 5-7。

表 5-7　S 航空公司 2016—2018 年秋季校园招聘数据统计表

维度	2016 年秋季招聘	2017 年秋季招聘	2018 年秋季招聘
报文人数	136	212	259
签约人数	88	149	127
签约率	64.71%	70.28%	49.03%
招聘周期	12 周	8 周	6 周
初试转化率	11.49%	17.32%	21.17%

2. 招聘质量评价

1）秋季校招情况

（1）学历情况

此次签约人员中，机务维修类本科 73 人，大专 17 人；非机务维修类，本科生 15 人，研究生 22 人。机务维修类本科学历人员占比 83.3%，整体人员学历背景相较于往年更好，可以满足用人部门对于提高人员素质结构的要求。非机务维修类硕士学历人员占比达 48.65%，人员学历背景相较于往年更好。此次整体签约人员以本科学历为主。具体如图 5-2 所示。

（2）英语情况

此次招聘以人员素质为导向，硬性标准设立纠偏时间。因此，机务维修类 19 人英语未达到引进要求（CET-4 同等），人力资源类、市场营销类各 1 人英语水准未达到引进要求（CET-6），按照约定 2018 年 5 月前达标，具体如图 5-3 所示。

2）往年数据对比

整体来看，机务维修类岗位，学历情况与往年持平。在英语水准方面，机务维修类岗位学生英语水准不如去年，主要原因是 19 人英语水准未达标。非机务维

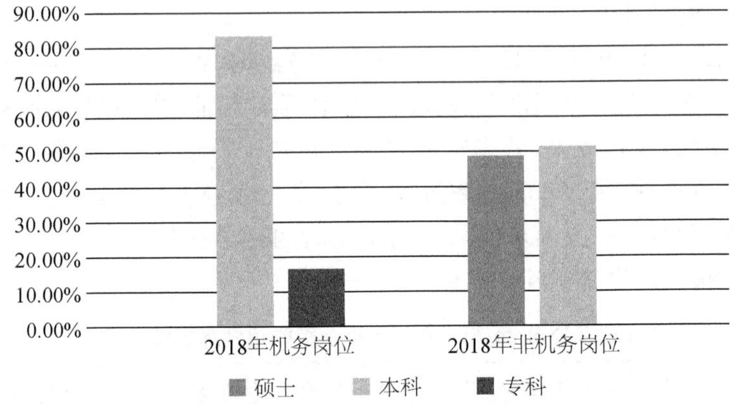

图 5-2 S 航空公司秋季校园招聘签约人员学历情况

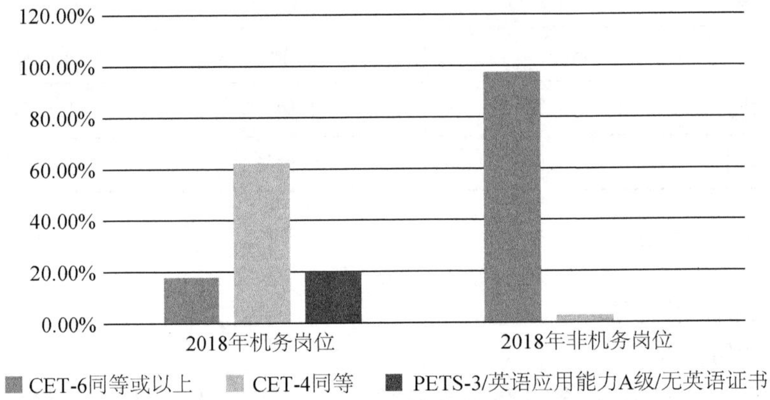

图 5-3 S 航空公司秋季校园招聘签约人员英语水平

修类岗位，由于 2018 年目前签约人员主要是 A、B 类及 C 类（签派），因此在学历和英语水准方面都优于去年。在补招 D 类人员后，整体学历和英语水准将下降。如表 5-8 所示。

表 5-8 S 航空公司秋季校园招聘往年数据对比

机务维修类岗位学历情况				
项目	2016 年	2017 年	2018 年	趋势
硕士	2.56%	1.39%	0.00%	→
本科	76.92%	83.33%	83.33%	
专科	20.51%	15.28%	16.67%	

（续表）

项目	2016 年	2017 年	2018 年	趋势
CET-6 同等或以上	25.64%	29.17%	17.78%	↘
CET-4 同等	71.79%	58.33%	62.22%	
PETS-3/英语应用能力 A 级/无英语证书	2.56%	12.50%	20.00%	
非机务类岗位学历情况				
项目	2016 年	2017 年	2018 年	趋势
硕士	30.41%	25.93%	48.65%	↗
本科	69.01%	74.07%	51.35%	
专科	0.58%	0.00%	0.00%	
CET-6 同等或以上	76.02%	87.04%	97.30%	↗
CET-4 同等	23.98%	12.96%	2.70%	

3. 招聘成本评价

1）招聘总成本

2018 年秋季校招校招共计 9 个站点，场地费 10 000 元，宣传费 9 012 元，差旅费132 196.28元，月结机票 59 260 元，其他费用 807 元及 H 集团联合校招分摊费用 56 080 元，招聘总成本 255 689.28 元。以上成本不包括 H 集团联合校招分摊 56 080 元。具体如图 5-4 所示。

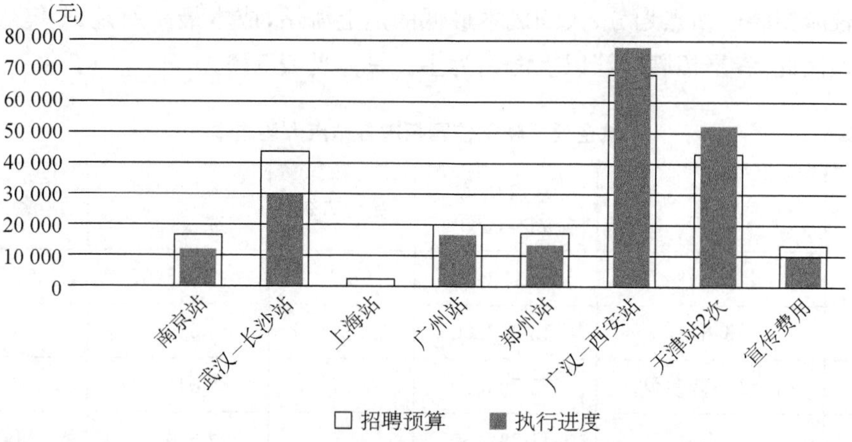

图 5-4 S 航空公司秋季校园招聘预算进度

机务及其他地面人员校招总费用未超预算执行，预算与实际支出基本一致，预算的准确性较好。通过两站联合的方式节省机票费用，武汉长沙站交通方式改为地面交通，节约机票费用近 1 万元。广汉—西安站、天津站单个站点实际产生费用超站点预算。广汉—西安站因实际机票费用高于预估费用，天津站因 2 次招聘出差人次较多，导致机票费用较高。差旅费(差旅补贴、住宿、地面交通费用)及月结机票费用为校园招聘主要成本，2018 年秋季校招秋招此2 项费用占比90.53%。此项费用管控主要通过合理规划行程、合理安排招聘团队资源来实现。具体如图 5-5 所示。

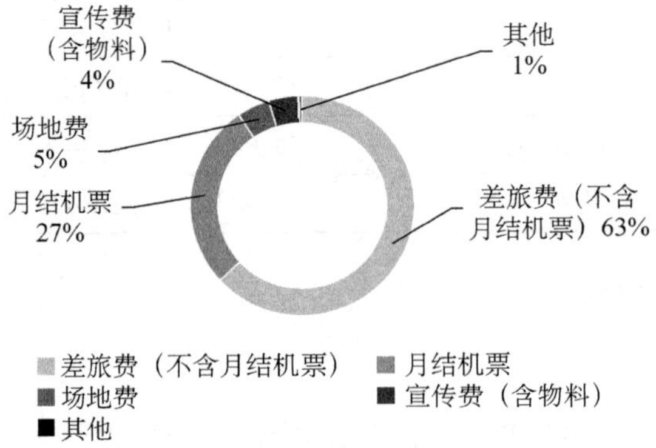

图 5-5 S 航空公司秋季招聘费用科目明细

2）人均招聘成本

招聘费用包含场地费、宣传费、差旅费、月结机票及其他杂费。2018 年秋季校招校园招聘以站点划分，人均成本最低的是上海站，成本最高的是 H 集团联合招聘。因此，春季招聘建议以上海站为主。具体见表 5-9。

表 5-9 S 航空公司秋季校园招聘各站点人均成本

序号	站点	站点招聘成本(元)	签约人数	人均招聘成本(元)	备注
1	上海站	153.00	27	5.67	ABCD
2	郑州站	13 368.00	21	636.57	C
3	广汉—西安站	75 780.00	37	2 048.11	C
4	南京站	11 782.50	5	2 356.50	ABCD
5	广州站	16 606.00	6	2 767.67	C

（续表）

序号	站点	站点招聘成本(元)	签约人数	人均招聘成本(元)	备注
6	武汉—长沙站	29 773.28	8	3 721.66	AB
7	天津站(2 次)	52 146.50	15	3 476.43	C
8	H 集团华东区复试	56 080.00	6	9 346.67	AB
9	H 集团划拨	0	2	0	AB
总计		255 689.28	127	2013.30	ABCD
备注： 1. 本表中所有统计成本，包含月结机票费用。 2. “天津站(2 次)”包含“H 集团联合天津站”和“天津站补招”					

3）往年数据对比

2018 年相对于 2017 年在招聘总成本上，人均招聘成本都有一定增幅。主要原因是 2018 年参与了 H 集团组织的联合招聘，实际签约 6 人，分摊费用 56 080 元。在去除 H 集团联合招聘分摊费用及签约人员后，实际降本增效结果显著。2018 年通过减少保障人员数量及包干制报销，较好地降低了招聘总成本及人均招聘成本。具体见表 5-10。

表 5-10　S 航空公司 2016—2018 年秋季校园招聘成本统计

项目	2016 年	2017 年	2018 年	2018 年(修正)
招聘总成本(元)	50 053	123 719	148 835	92 755
签约人数	88	149	127	121
人均招聘成本(元)	569	830	1 172	767
站点数量	4 站：上海、南京、天津、广汉	8 站：南京、武汉、上海、郑州、广州、长沙、广汉、天津	9 站：上海、郑州、广汉—西安、南京、广州、武汉—长沙、天津站（2 次）、H 集团华东区复试	8 站：上海、郑州、广汉—西安、南京、广州、武汉—长沙、天津站(2 次)
备注： 1. “2018 年(修正)”中不含“H 集团华东区复试”分摊费用及签约人员。 2. 由于 2016 年及 2017 年统计人均招聘成本时，不含月结机票，且无法统计以往数据。为便于对比，此表中的成本均不含月结机票				

四、招聘过程评价

1. 招聘计划制订

1）招聘指标测算

根据校招工作部署，2017 年 7 月 26 日开展 2018 年应届生校招需求收集工作。除机务维修类需求外，各部门反馈需求合计 294 人，根据人机比 1∶75 测算，整体核减指标至 215 人，后续根据 H 集团人员引进“三低于”原则，再次核减指标至 156 人。其中，航务类需求根据局方文件测算，不进行指标核减。机务维修类需求 150 人，依据民航局飞标司【2010】15 号文件，单独报批。

2）校招策略制订

高校选择是根据招聘需求而定，即 A 类指标 39 人，B 类指标 27 人，指标合计 66 人。综合考虑往期应届生违约情况，A、B 类人员招聘高校标准及英语标准较高，招聘难度较大等原因，在进行目标高校评估时，优先去往符合 A、B 类人员招聘标准的高校。机务维修类根据高校开学时间，优先选择开学早的高校，依次进行招聘。

要考虑 2018 年机务人员引进指标 150 人，指标占比近 50%，地面人员校招行程主线为两条，即“机务校园专场招聘”和“校园招聘(不含机务维修类)”。吸取往年校招启动时间较晚，招聘效果欠佳的经验，2018 校招将招聘行程整体提前，同时将招聘周期缩短。2018 年校园招聘校招周期为 9 月至 10 月，9 月初开展机务类专场招聘，其他类别招聘于 9 月 11 日开展。

2. 招聘组织实施

1）招聘宣传阶段

2018 校园招聘主题确认之后，公司自主制作了统一的视觉识别系统和宣讲会 PPT。2018 年秋季校招校园招聘宣传尽可能利用现有资源，以线上线下相结合的方式进行宣传。

在线上宣传方面，2018 校招的招聘职位主要通过 H 集团官网、前程无忧发布，招聘计划及行程宣传主要通过微信、目标高校就业办官网、应届生求职网等面向大学生求职的平台为主。

在线下宣传的主要方式为招聘宣讲会，通过进入目标高校进行宣讲的方式，更直接地将公司信息传递给目标学生。通过已入职员工，积极联系各目标高校学生协助张贴海报，也起到一定宣传作用。

2）招聘实施阶段

在招聘准备阶段，工作组汇总整理了 H 集团校园招聘要求，保证招聘工作合规开展；梳理 S 航空公司面试官库，并组织面试官复训，保证面试官选派工作顺利推进；梳理各目标高校开学时间，重新找回并整理 25 家高校就业办账号，顺利完成了校招行程规划和信息发布；完善面试官及保障人员 SOP 手册、整理物料电子/纸质清单，保证了校招组织工作的顺利开展。

在面试组织阶段，各站点招聘配备负责人 1 人，保障人员 1 人，站点负责人兼职面试官，节约人力成本；宣讲会及面试安排紧凑，宣讲会结束次日即进行面试。在开学之初就进行面试，能够避免校招高峰期的竞争，提高面试率。但校招的提前也使得学生有更多的选择机会，造成签约率较低。宣讲会结束次日即进行面试固然使得招聘成本降低，时间压缩，但是宣传作用有限。

3）招聘收尾阶段

整个人员引进流程未发送拒信，一定程度上影响应聘者体验；各地区各高校三方协议书版本及下发时间不一致，导致三方收取工作无法得到有效监控，存在少部分学生拖延三方协议签约时间的情况；招聘引进环节、签约环节、入职报到环节各材料重复提交，影响工作效率，也不利于在学生中树立专业化的形象。

五、总结及提升建议

通过对 2018 年 S 航空公司的招聘结果评估和招聘过程评估，可以了解到 S 航空公司校园招聘存在面试流程烦琐、招聘标准严格、面试官专业度有待提升等问题。根据第四章的研究成果，校园招聘中关键因素为招聘标准、雇主品牌、招聘规划、职业发展、就业重视程度、个人素质、校企关系、公司口碑、行业了解程度、高校实力、人力资源规划及录用流程。有的放矢地将公司有限的资源放在最需要改进的地方，从而提升校园招聘的有效性。由于航空公司对于高校层面因素无法改变，因此，本案例研究将从两个层面的因素来阐述。

1. 公司层面因素分析及改进建议

在所有重点关注的因素中，招聘规划、招聘标准、雇主品牌、公司口碑、人力资源规划、录用流程和校企关系属于公司层面因素。

1）合理拟定招聘规划

招聘规划中包含三个部分：第三方渠道、校招项目完成时长、招聘次数。

从 S 航空公司的招聘成本构成中可以看到，未使用第三方招聘渠道，也就是智联招聘、前程无忧等人力资源供应商没协助校园招聘。因此,招聘人员会做大量的基础工作,例如高校联系、预订宣讲会和面试场地、组织保障工作等。也就使得校招项目完成时间较长。在如今的校招趋势是校招启动时间越来越早,整个校招时间跨度越来越短,S航空公司将在竞争中处于劣势。建议适当地将部分费用用在第三方渠道上,让第三方渠道的公司做足校招宣传,处理校招的基础工作,可以解放招聘人员的生产力,让招聘人员将更多精力用在校招的关键点上。

在校招次数方面,以一个学年为计算周期,秋招结束后,是否举办春招,或者是某一季度招聘中多次去同一所学校,或者是增加大量的校招高校。本质是招聘呈现与招聘数量之间的平衡。从S航空公司的校招行程来看,天津站去了2次,由于第四次是由H集团组织成员公司联合招聘,因此效果并不理想。于是,S航空公司在11月组织了天津站补招。从表5-6可以看到,第二次的天津站依然可以招聘到合适的学生。建议增加重点或目标站点的招聘次数,特别是S航空公司在上海,可以在上海举办2次甚至3次专场校园招聘会。

另外,如果受制于成本,无法增加校招次数,则可以通过增加宣讲会的次数,将宣讲行程与面试行程分开进行。从表5-2可以看到,每一站点的行程3~4天,也就是宣讲后直接进行面试。按照以往宣讲及面试行程安排,往往在一个地区只能选择1~3所高校宣讲,对于目标高校覆盖范围较低。采用宣讲行程与面试行程分开进行的方式,校招宣讲能尽可能多地覆盖地区高校,同时,S航空公司也可根据简历投递情况灵活安排面试官及面试行程。

2) 科学制定招聘标准

S航空公司的招聘标准,相较于同行业,标准较高。由于S航空公司的招聘标准实际是由H集团制订,因此,S航空公司的招聘标准事实上是脱离了用人部门的实际需求。对于人员引进,建议在引进时降低英语标准,对于综合素质优秀,但英语不满足引进要求的人员,限定达标期限。建议可以在春招结束后1个月内统一验收英语证书,仍不达标人员进行清退处理。对于机务维修类岗位及签派员类岗位,考虑到岗位匹配度及目前相关高校层次,可考虑放宽英语引进要求。

3) 加强雇主品牌建设

由短期雇主品牌建设改为长期雇主品牌建设。雇主品牌建设分为三个阶段,即求职前体验、求职体验和入职后体验。求职前体验除了重视获得奖项提升公司知名度的基础上,还应重视校企关系,在目标高校可设立"S航空公司奖学金",请资深人力资源工作者为学生亲授职业生涯规划课程,赞助学校重要活动或竞赛等,增加学生和老师心中S航空公司的知名度。在求职体验阶段,规范化所有招聘流程,注重细节。例如面试等待时间长,可以为应聘者提供一些茶水;应聘者在被淘汰后，仍应发送拒绝信以示尊重等。在入职后体验阶段，可以为应届毕业生配备职业生涯导师，提供丰富的培训等。

另一个需要关注的因素是公司口碑，就前期访谈学生了解到学生对于学长学姐的看法非常在意，校园招聘即是受雇主品牌影响，又是雇主品牌宣传的途径。因此，建议宣讲会可以带上公司内毕业于所去高校的员工做宣讲，将会提高宣讲会的正面效果。此外，还可以通过校园大使的活动来提高公司口碑。

4）提前做好人力资源规划

在公司的人力资源规划中与校园招聘相关的是公司招聘需求。在公司招聘需求方面，校园招聘是满足公司用工需求的方式之一。而校招的要求主要是数量、质量、结构。从案例中可以看到，S 航空公司在校园招聘开始前，已经科学合理地制订了人力资源规划。

5）加快录用流程

在本章第一小节的第 2 点中可以了解到，在录用流程方面，S 航空公司分为内部报批和签订三方协议。由于内部报批所需要的材料多、流程复杂、审批节点多，因此导致录用流程缓慢，未能及时与学生签订三方协议，这也是导致违约率较高的原因之一。从表 5-2 看到报文人数，即完成内部报批流程的人数，签约人数即签订三方协议的人数，两个数据之间相差较大。建议加快发放录取通知速度。在引进签约过程中，对同一材料重复要求提交，影响面试者体验。且各应届生实际情况各异，留学人员多种材料无法立即提交，这使得招聘要求不贴合实际情况，影响招聘工作专业度。后续梳理签约材料，保证签约在合规合法的前提下，精简签约手续，提高工作效率。

6）加强校企关系维护

在校企关系方面，校方关系维护，相较于校方就业办，目标学院及学院辅导员对目标学生人群的影响更为直接，目前对于学院及辅导员关系基本无维护。建议后续可以通过校就业办及已经入职的学生，与各高校辅导员取得联系，校招准备阶段即提前联系辅导员，确认高校及学生情况。

2. 学生层面因素分析及改进建议

在所有重点关注的因素中，行业了解程度、就业重视程度、个人素质和职业发展属于学生层面因素。

1）提高行业了解程度

学生了解行业及职位程度会直接影响学生是否投递该岗位。民航类高校的学生对于民航业以及职位了解程度较好，因此在选择岗位时也比较有针对性。而非民航类高校学生，对于民航业、航空公司、岗位的了解多数源于网络以及宣讲会，信息来源有限。在表5-5可以看到，签约率非常低，除了S航空公司的录用流程长之外，另一个重要的原因是较多学生来自非民航类高校，因此对航空公司的情况并不熟悉。建议在非民航类的目标高校，定期开展民用航空行业知识的普及宣讲会，在做普及航空业知识的情况下，可以加强雇主品牌建设。

2）加强就业重视程度

在学生对于就业的重视程度方面，在民航类高校中，由于行业形势好导致的就业形势好，在访谈过程中多数高校负责就业相关工作的老师表示"慢就业"情况越来越严重。某老师谈到，据个人预估80%的学生都是在校内找到工作，多数学生都在学校内等公司进校招聘，而学生无求职紧迫感，这一因素直接影响到公司应该何时进校招聘。建议一方面高校可以在学生就业指导课上宣贯就业相关知识，另一方面航空公司也可以积极参与学生就业指导课程中，将实际的情况告知学生，以增强他们的紧迫感。

3）提高个人素质

个人素质分为三部分：个人背景情况、个人能力、学生个人素质。

个人背景情况由于客观存在，很难改变，因此仅讨论个人能力和学生个人素质。个人能力指的是学生拥有的柔性能力，包括沟通表达能力、抗压力、适应能力、情商、智商、性格及身体素质等方面。另外，忠诚度也是非常重要的因素。忠诚度可能与公司的宣传是否符合实际情况，从而导致学生因宣传与实际工作的差距大而产生的落差感有关，也是影响校招有效性的因素之一。学生背景情况是指在参与招聘活动时，已经客观存在的情况。

对于航空公司来说，在提高学生个人素质方面，建议航空公司可以从产学合作角度开展工作。例如可以作为高校的实训基地，定期去高校开展公益讲座，积极地参与学生培养工作。

4）职业发展

在职业发展及工作内容方面，现在的应届毕业生相比以往，自我意识更强，学生会非常关注个人的成长以及个人的职业晋升路径。民航业属于传统行业，与新兴互联网行业、人工智能行业等相比晋升相对缓慢，这也是民航业的劣势。此外，学生也非常关注工作内容。工作内容是否与个人兴趣匹配，工作内容是否与所学专业匹配是他们比较关注的两点。

建议航空公司加强职业发展方面的宣传，在官方微信公众号以及网络渠道，宣传本公司的晋升路径；在宣讲会时，着重介绍公司的晋升路径。对于新入职的应届毕业生，也可以由经验丰富的员工来给他们做职业规划。

第六章

结论与展望

一、研究结论

笔者以梳理国内外招聘有效性的研究成果为基础，通过行业人员的调研、问卷以及S航空公司的实证分析，验证了校园招聘在人才引进中的实践意义，说明了校园招聘有效性的研究意义和价值。具体结论如下：

(1) 分析概括了航空公司校园招聘有效性的因素。根据民用航空行业的情况，文章系统地分析了影响校园招聘有效性的因素，梳理了影响有效性程度的顺序。

(2) 根据文献中招聘有效性评价的相关研究，以S航空公司秋季校园招聘的实际情况为例，综合评价了校招的情况，给同行业及其他对专业度要求高的行业的人力资源工作者提供参考。

(3) 根据民用航空行业的情况，有针对性地提出了提高航空公司校园招聘有效性的方法。

(4) 影响校园招聘有效性的12个关键因素是：招聘标准、雇主品牌、招聘规划、职业发展、就业重视程度、个人素质、校企关系、公司口碑、行业了解程度、高校实力、人力资源规划和录用流程。

二、不足与展望

由于笔者受知识储备、时间和人脉等方面的限制，很难进一步深入。就目前的研究状况而言，本文还有诸多可以完善之处。

(1) 影响因素的局限性。本文的影响因素主要源于访谈以及文献中的影响因素，未能涵盖所有的影响因素，因此在设计问卷时可能存在一定的局限性。

(2) 调查样本的局限性。在填写调查问卷的人员中，航空公司人力资源从业人员和民航类高校学生就业相关人员数量较少，且地区相对集中，可能导致抽样的片面性。另外，调查对象在填答问卷都是线上作答，调查对象的主观情绪、填答问卷时的周围情况等难以控制，可能导致填写内容未完全反映他们的实际情况。

(3) 实际案例研究的局限性。本文通过研究S航空公司的校园招聘，实证分析了航空公司在实际校园招聘时的情况，并给出了提升意见。但影响航空公司有效性的因素比研究中所阐述的情况更为复杂，互相影响程度也更深，从而可能会导致重复验证时结论的差异，这也是后续研究中有必要提升和改善的。

(4) 提升对策研究的局限性。对于航空公司有效性提升的建议，受制于笔者的经验、经历、访谈的对象等因素，提升建议仍有优化空间。而建议的针对性因公司而异。

综上所述，对航空公司校园招聘有效性的研究仍有进一步探索的空间，还需要运用实证法反复实践。

附　录

附录 A　　　　　　问　卷

航空公司校园招聘有效性调查问卷(公司角度)

尊敬的女士/先生：

感谢您在百忙之中抽空填写此问卷。本问卷是同济大学经济与管理学院的校招有效性研究小组，为研究航空公司校园招聘有效性而设计的。请您根据问卷题目的要求，逐项认真点选。各选项不分对错好坏，只要反映了您的真实情况和想法，就对我们的研究具有重要意义。本调查仅用于学术研究，完全匿名，不涉及商业用途。

对您的合作与支持，我们表示衷心的感谢！

同济大学经济与管理学院
校招有效性研究小组
2018 年 4 月 24 日

第一部分：基本信息				
1. 您的所在的企业性质				
A. 国有企业	B. 民营企业	C. 外商独资	D. 中外合资	E. 其他
2. 您的职务				
A. 招聘助理/专员	B. 招聘主管/经理	C. 人力资源部(副)总经理		
3. 您参与校园招聘的年限				
A. 0～2 年	B. 3～4 年	C. 5～6 年	D. 7 年及以上	
4. 您的工作年限				
A. 0～3 年	B. 4～6 年	C. 7～9 年	D. 10 年及以上	

（续表）

第一部分：基本信息					
4. 您在校招过程中的职责（可多选）					
A.	B.	C.	D.	E.	F.
5. 您在校园招聘中招聘的职位是什么（可多选）					
A. 人事/行政/财务 E. 物流/运营保障/销售/维修/工程		B. 市场/采购 F. 管理培训生	C. 合规/法务 G. __________	D. IT	

第二部分：以下是关于校园招聘（以下简称"校招"）有效性影响因素的具体描述，A～E表示您对题项的认可程度。"A"表示您完全不认同该题项表述的情况，"E"表示您完全认同该题项表述的情况。请根据您的实际情况选择。					
问题编码	问题				
A1	民用航空行业校招竞争激烈，航空公司的校园招聘越来越难做 A	B	C	D	E
B1	开始校招之前，对于校园招聘学生的数量和质量有明确的规划 A	B	C	D	E
B2	开招校招之前，公司对需要校招的岗位已经做了工作分析 A	B	C	D	E
B3	在校招季，校招站点安排非常密集 A	B	C	D	E
B4	公司有清晰的招聘标准，并且在校招工作中严格执行这一标准 A	B	C	D	E
B5	公司有充足的校园招聘预算 A	B	C	D	E
B6	公司的品牌越好，校园招聘投递的学生越多 A	B	C	D	E
B7	在校招开始前，公司做了足够的宣传，因此投递的学生非常多 A	B	C	D	E
B8	公司与高校之间有长期、良性的合作，这让学生更认可我们公司 A	B	C	D	E
B9	校园招聘启动时间越早，招聘效果越好 A	B	C	D	E
B10	面试的流程安排非常合理，很少有学生抱怨 A	B	C	D	E

（续表）

问题编码	问题
B11	在与学生签订完三方协议后，会与学生保持良好的沟通 A　B　C　D　E
B12	公司的面试方法、面试流程很科学，能有效地甄选学生 A　B　C　D　E
B13	公司参与校招的人员都有丰富的招聘工作经验 A　B　C　D　E
B14	公司参与校招的人员，对学生的态度都很好 A　B　C　D　E
B15	公司的地理位置也是吸引学生加入我们公司的原因 A　B　C　D　E
B16	公司的性质（民营企业或国有企业）是吸引学生加入的原因 A　B　C　D　E
B17	公司的薪资福利在行业内很有竞争力 A　B　C　D　E
B18	公司会定期进行校园招聘效果的评估，并利用评估结果优化校园招聘 A　B　C　D　E
B19	与派遣协议相比，签订劳动合同会减少学生的违约率 A　B　C　D　E
B20	相比校园专场招聘会，参加双选会效果更好 A　B　C　D　E
B21	很多学生会因为公司或者职位的工作环境不好，而放弃公司提供的工作机会 A　B　C　D　E
C1	在校招选择目标高校时，会考虑高校的综合实力 A　B　C　D　E
C2	学生的专业与所招聘岗位匹配度高，会更容易通过面试 A　B　C　D　E
C3	公司在做校招行程时，会考虑高校的地理位置 A　B　C　D　E
D1	学生的背景情况（例如：学校、英语、实习经历及户籍等）会影响公司是否录取该学生 A　B　C　D　E

（续表）

问题编码	问题
D2	在录取的学生中，大多数对航空业有一定的了解 A B C D E
D3	在录取的学生中，大多数有明确的职业规划 A B C D E

航空公司校园招聘有效性调查问卷（学生角度）

尊敬的女士/先生：

感谢您在百忙之中抽空填写此问卷。本问卷是同济大学经济与管理学院的校招有效性研究小组，为研究航空公司校园招聘有效性而设计的。请您根据问卷题目的要求，逐项认真点选。各选项不分对错好坏，只要反映了您的真实情况和想法，就对我们的研究具有重要意义。本调查仅用于学术研究，完全匿名，不涉及商业用途。

对您的合作与支持，我们表示衷心的感谢！

同济大学经济与管理学院
校招有效性研究小组
2018 年 4 月 24 日

第一部分：基本信息				
1. 您的性别				
A. 女	B. 男			
2. 您的年龄				
A. 20～21 岁	B. 22～23 岁	C. 24～25 岁	D. 26 岁及以上	
3. 您的学历				
A. 高职（专科）	B. 本科	C. 硕士及以上		
4. 您的最高学历的高校特性				
A. 民办高校	B. 独立学院	C. 研究生院	D. 211 高校	E. 985 高校
5. 您在目前企业的工作时间				
A. 已签三方协议，2018 年 7 月入职	B. 已入职，1 年以下	C. 1～2 年	D. 2 年及以上	

（续表）

6. 您的所在的企业性质	
A. 国有企业　B. 民营企业　C. 外商独资　D. 中外合资　E. 其他	
7. 您在校园招聘中求职方向是(可多选)	
A. 人事/行政/财务　B. 市场/采购　C. 合规/法务　D. IT E. 物流/运营保障/销售/工程　F. 管理培训生　G. 签派 H. 机务维修类　I. 其他________	
第二部分：以下是关于校园招聘(以下简称"校招")有效性影响因素的具体描述，A～E表示您对题项的认可程度。"A"表示您完全不认同该题项表述的情况，"E"表示您完全认同该题项表述的情况。请根据您的实际情况选择。	
问题编码	问题
A2	航空业的人才需求大于供给，找到合适的工作很容易 A　B　C　D　E
B22	公司来学校招聘之前，会明确招聘的人数和职位 A　B　C　D　E
B23	我希望我想去的公司在一年里能多次来我的学校招聘 A　B　C　D　E
B24	公司来校招聘时，招聘标准非常明确，您相信公司在校招工作中严格执行这一标准 A　B　C　D　E
B25	品牌知名的公司来校招聘时，您会非常想去应聘 A　B　C　D　E
B26	学长和学姐对于公司的口碑，会直接影响您的选择 A　B　C　D　E
B27	招聘广告好的公司，您会更愿意应聘 A　B　C　D　E
B28	对于老师推荐的公司，您会更愿意应聘 A　B　C　D　E
B29	航空公司校园招聘启动时间越早越好 A　B　C　D　E
B30	无论公司有多知名，您都不会选择招聘流程混乱的公司 A　B　C　D　E
B31	您认为公司在不同的高校面试，面试的标准是一致的 A　B　C　D　E

（续表）

问题编码	问题
B32	面试官和面试保障人员的友善和专业程度，直接影响了您是否会选择该公司 A B C D E
B33	您在选择公司时，公司所在的地理位置非常重要 A B C D E
B34	您更倾向于去民营企业，而不是国有企业/事业单位 A B C D E
B35	公司有较好的薪酬福利，即使知名度一般，您也愿意去工作 A B C D E
B36	校招时，有很多您想去的公司在同一时间招聘，面试时间冲突了 A B C D E
B37	您很关心入职后，同事之间的关系是否融洽 A B C D E
B38	如果是和公司签订派遣协议，您会放弃该工作机会 A B C D E
B39	如果公司或者未来工作岗位的工作环境差，您会放弃该工作机会 A B C D E
C4	学校给您的就业指导教育对您的求职帮助很大 A B C D E
C5	您学校的同学都很优秀，就业形势很好 A B C D E
C6	您的专业与未来从事的岗位很匹配 A B C D E
C7	您学校所在的城市很发达，所以有很多公司前来招聘 A B C D E
D4	相对于其他行业，您非常了解航空业的情况 A B C D E
D5	您觉得公司会因为您的背景情况（例如：学校、英语、实习经历和户籍等）而决定是否录用 A B C D E
D6	您在求职时，有非常明确的个人职业规划 A B C D E
D7	您非常关注入职后的个人成长空间 A B C D E

（续表）

问题编码	问题
D8	您在求职时，希望能尽快找到合适的公司 A B C D E
D9	因为缺乏面试技巧，影响了公司对您的判断 A B C D E
D10	您父母对于您就业方向的影响很大 A B C D E

航空公司校园招聘有效性调查问卷（高校角度）

尊敬的女士/先生：

感谢您在百忙之中抽空填写此问卷。本问卷是同济大学经济与管理学院的校招有效性研究小组，为研究航空公司校园招聘有效性而设计的。请您根据问卷题目的要求，逐项认真点选。各选项不分对错好坏，只要反映了您的真实情况和想法，就对我们的研究具有重要意义。本调查仅用于学术研究，完全匿名，不涉及商业用途。

对您的合作与支持，我们表示衷心的感谢！

同济大学经济与管理学院
校招有效性研究小组
2018 年 4 月 24 日

第一部分：基本信息			
1. 您的职务			
________			
2. 您的工作年限			
A. 1～3 年	B. 4～6 年	C. 7～9 年	D. 10 年及以上
3. 您在校招过程中的职责			
________			

（续表）

第二部分：以下是关于校园招聘（以下简称"校招"）有效性影响因素的具体描述，A～E表示您对题项的认可程度。"A"表示您完全不认同该题项表述的情况，"E"表示您完全认同该题项表述的情况。请根据您的实际情况选择。	
问题编码	问题
A3	民用航空行业的人才需求大于供给，学生未来的就业形势非常好 A　　B　　C　　D　　E
B40	公司来学校招聘之前，会明确招聘的人数和职位 A　　B　　C　　D　　E
B41	公司来校招聘的次数越多，招聘的人数也就越多 A　　B　　C　　D　　E
B42	公司来校招聘时，招聘标准非常明确，并且您相信公司在校招工作中严格执行这一标准 A　　B　　C　　D　　E
B43	品牌知名的公司来校招聘时，会有更多的学生应聘 A　　B　　C　　D　　E
B44	学长学姐对于公司的口碑，会直接影响我校应届毕业生的选择 A　　B　　C　　D　　E
B45	招聘广告好的公司，会有更多的学生应聘 A　　B　　C　　D　　E
B46	学生更认可那些与我校有长期、良性合作的公司 A　　B　　C　　D　　E
B47	学校会帮助个别校企关系好的公司宣传，他们的招聘效果也会更好 A　　B　　C　　D　　E
B48	公司如果有实习并且留用的机会，会吸引更多的学生应聘 A　　B　　C　　D　　E
B49	公司启动校园招聘时间越早，招聘的效果会越好 A　　B　　C　　D　　E
B50	在学生签订完三方协议后，与学生保持良好沟通的公司，学生的违约率更低 A　　B　　C　　D　　E
B51	您认为公司在不同的高校面试，甄选不同学校学生的标准是一致的 A　　B　　C　　D　　E
B52	公司所在的地理位置，是学生在选择公司时非常重要的因素 A　　B　　C　　D　　E

(续表)

问题编码	问题
B53	学生更倾向于去民营企业,而不是国有企业/事业单位 A B C D E
B54	公司有较好的薪酬福利,即使知名度较差,学生也愿意去工作 A B C D E
B55	相比公司举办专场校园招聘会,参加大型双选会(由高校组织的招聘会)效果更好 A B C D E
B56	与派遣协议相比,签订劳动合同会减少学生的违约率 A B C D E
C8	我校给学生的就业指导教育非常多,学生反响很好 A B C D E
C9	我校的综合实力很强,能够吸引大量的、优质的公司前来招聘 A B C D E
C10	我校的专业与航空公司所需专业很匹配 A B C D E
C11	我校的地理位置优越也是很多公司来校招聘的原因之一 A B C D E
D11	相对于其他行业,我校学生非常了解航空业的情况 A B C D E
D12	学生的背景情况(例如:学校、英语、实习经历和户籍等)会影响公司是否录取该学生 A B C D E
D13	学生父母对学生就业方向的影响很大 A B C D E

附录 B　　航空公司校园招聘有效性影响因素表

层面	影响因素	子因素	注释
公司层面因素	人力资源规划	公司招聘需求	• 对校招学生数量、质量的计划 • 公司内部人员结构调整的计划
		培训培养	培训培养体系完善程度
	工作分析	工作分析	了解该岗位的工作内容、职责、工作环境等信息
	招聘标准	招聘标准	公司的招聘甄选标准
	招聘流程	校招面试流程时间	• 招聘流程是否合理,各环节衔接是否紧凑 • 从投递简历到发放录取通知的时间跨度
		具体招聘流程	• 收集简历时间是否足够 • 面试环节设置是否合理 • 面试环节设置的信度和效度 • 招聘流程的完善程度,面试体验:面试官态度、面试环境、及时反馈通过/不通过信息、面试等待时间、小礼品
	招聘费用	招聘预算	招聘预算
	招聘规划	是否使用第三方渠道	是否利用第三方招聘机构代为宣传及组织招聘
		校招项目完成时长	秋招或者春招整体招聘时间跨度,招聘行程是密集还是松散
		招聘次数	• 举办完秋季校园招聘后,是否举办春季校园招聘 • 同一季校招同一个高校是否多次去
	招聘人员胜任力	招聘人员胜任力	• 面试官是否能够甄别学生的人岗匹配程度 • 面试保障人员能否回答学生问题 • 宣讲人员的宣讲是否有说服力,是否能回答学生问题,诚意是否足够 • 站点负责人对校招工作的熟悉程度,包括流程、人员、应急备案
	招聘相关人员态度	招聘相关人员态度	面试官及面试保障人员态度
	校招启动时间	校招启动时间	开始校招的时间,包含公司制定的招聘开始时间及高校允许招聘的开始时间
	公司面试集中程度	公司面试集中程度	同一个时间段内,各家公司面试的数量
	招聘宣传	招聘宣传	• 招聘宣传的实际 • 宣讲会的效果 • 学生群体内部宣传 • 信息传递的及时性和准确性

（续表）

层面	影响因素	子因素	注释
公司层面因素	雇主品牌	雇主品牌	• 公司发展现状、公司规模，对于航空公司就是所飞航线数量 • 公司发展前景 • 业界口碑 • 社会评价，公司履行社会责任的情况
	公司口碑	公司口碑	• 公司在行业内的排名 • 学生周围的人，如父母、亲戚、学长和学姐对公司看法
	高校协助宣传	高校帮助公司宣传程度	高校帮助公司做宣传，以及宣传程度
	校企关系	校企合作成本	高校和公司合作的培养成本，还包含了沉没成本、如果联合培养终止的后果
		校企合作程度	高校与公司之间是否有长期、良性的合作
	公司招聘形式	公司招聘形式	专场校园招聘会或双选会
	人才测评技术	人才测评的方法	用何种方法来测评出是否合适公司
		面试评价一致性	不同高校，不同面试者，面试评价标准是否一致
	录用流程	发放录取通知时间	发放录用通知的速度，面试环节结束后到发放录用通知的时间
		签订三方时间	复试结束后到签订三方的时间间隔
		发放录取通知后的维护	• 录用通知发放的形式是书面或口头形式 • 签订三方协议后，维护与学生的关系，建立及时沟通的渠道
	用工形式	录用形式	公司与学生签订派遣协议或劳动合同
	招聘效果评估	招聘效果评估	是否有招聘评估，并且将评估结果用于改善招聘工作
	实习留用机会	实习留用机会	• 公司是否提供实习机会 • 实习留用的机会
	薪酬福利	薪酬福利	• 薪资福利在行业内是否有竞争力 • 薪资福利在各行各业内是否有竞争力 • 货币化分配或者福利化分配政策

（续表）

层面	影响因素	子因素	注释
公司层面因素	公司地理位置	城市发展及人才引进相关政策	城市发展及留住人才的配套政策，落户政策及其他人才吸引政策
		生活成本	房价、物价等日常消费成本
		工作地点	• 非本地人，公司所在的城市是否是学生想去的 • 本地人，公司所在地区离家的远近
	公司性质	企业性质	国有企业、事业单位、民营企业等
		公司文化	不同的公司性质导致不同的文化
		公司稳定性	公司是否经常有大的机构编制调整，公司员工的离职率，晋升速度
	公司文化	工作氛围	• 同事对于新员工的帮助有多大 • 员工间相互协作、共同进步的程度
	工作环境	工作环境	工作环境是否符合个人期望
高校层面因素	高校就业工作支持力度	高校就业政策	• 高校对就业工作支持力度，高校、学院是否邀请公司进校招聘 • 学生在确定与一家公司签订三方协议后，是否可以面试其他公司 • 就业辅导工作
		高校招聘会数量	高校举办招聘会及双选会数量
	高校实力	高校背景	• 985/211 • 本科或专科 • 学生各方面素质 • 培养学生的方式是否符合公司要求
		高校定位	学生的培养目标，如注重动手能力还是学术研究能力
	高校专业匹配度	专业对口程度	非民航专业，专业与职位的匹配度
	高校地理位置	高校所在城市	公司与高校是否在同一城市
		高校聚集程度	高校所在城市或地区的高校密集程度
学生层面因素	个人职业规划	求职动机	• 个人兴趣，未来是否从事所学专业的职位 • 学生自身意愿，工作性价比，工作压力和薪资福利的取舍；机遇与挑战的取舍 • 攀比心理

（续表）

层面	影响因素	子因素	注释
学生层面因素	个人职业规划	工作内容	• 工作内容是否符合个人兴趣 • 工作内容是否与所学专业匹配
	求职技巧	求职技巧	• 应聘渠道 • 简历制作 • 面试技巧
	职业发展	职业发展	学生期望的成长空间
	就业重视程度	学生对于就业重视程度	求职意愿是否强烈，求职是否有紧迫感
	行业了解程度	行业了解程度	• 学生对于航空业各个职能的了解程度 • 学生对于将来要从事的岗位职责了解程度 • 学生对行业的认同感、认可度
学生层面因素	个人素质	学生个人素质	• 学生毕业的高校 • 学历背景：专科、本科、研究生 • 英语水平 • 在校奖惩 • 实习经历 • 学生已获得录取通知书的数量 • 无犯罪记录证明
		个人背景情况	• 学生家庭背景 • 学生户籍所在地
		个人能力	• 情商、性格 • 学生的忠诚度，宣传与实际工作的落差感 • 学生的适应能力
	家庭期望	家庭期望	父母对子女的期望，是平稳，还是闯荡等

参考文献

[1] Rynes S L, Jr R D B, Gerhart B A. The Importance of Recruitment in Job Choice: A Different Way of Looking[M]. Wiley-Blackwell, 1990.

[2] Cable D M, Judge T A. Person-organization fit, job choice decisions, and organizational entry.[J]. Organizational Behavior & Human Decision Processes, 1996, 67(3): 294-311.

[3] Breaugh J A, Starke M. Research on employee recruitment: So many studies, so many remaining questions[J]. Journal of Management, 2000, 26(3): 405-434.

[4] Anderson N. Applicant and Recruiter Reactions to New Technology in Selection: A Critical Review and Agenda for Future Research[J]. International Journal of Selection & Assessment, 2003, 11(2-3): 121-136.

[5] Carrillat, FA.Leveraging social media to enhance recruitment effectiveness A Facebook [J]. Journal Citation Reports,2014, 24(4),474-495.

[6] 朱军,童夏雨,旷开源.招聘有效性研究[J].企业经济,2006(07): 77-79.

[7] 万华,桂婷.有效招聘研究综述[J].企业活力,2011(02): 89-93.

[8] 陈育庆.提高招聘的有效性[J].中国人力资源开发,2004(03): 28-30.

[9] 谭玲丽,王弘.对我国"有效招聘"研究文献的综合评述[J].当代经理人,2006(21): 1341-1342.

[10] 刘卫华,吕全国,章晋明.提高人才招聘有效性的综合途径[J].科技创业月刊,2006(08): 135-136.

[11] 曹细玉.人才招聘失效的原因分析及对策研究[J].企业经济,2009(06): 89-91.

[12] 刘洪昌,蒋松桂.关于提高人员招聘有效性的思考[J].商场现代化,2009(07): 281-282.

[13] 王华夏,王兰馨.浅析组织招聘低效的原因及对策[J].中国商贸,2009(13): 49-50.

[14] 齐群伟.企业人才招聘有效性分析[J].中国市场,2009(31): 33-34.

[15] 罗向荣.提高企业人才招聘有效性研究[J].现代商业,2010(21): 203-204.

[16] 陈文伟.企业提高人员招聘有效性的对策[J].中国管理信息化,2012, 15(09): 94-95.

[17] 李玉梅.关于提高人员招聘有效性的思考[J].时代金融,2013(30): 194.

[18] 王丹.中小企业招聘有效性影响因素研究[J].人力资源管理,2014(07): 196-197.

[19] 王琼.影响人力招聘有效性的因素分析和解决建议[J].人力资源管理,2015(11): 78-79.

[20] 陈军.大数据时代企业招聘有效性探论[J].海峡科技与产业,2016(07): 41-43.

[21] 安哲锋.国内外网络招聘研究进展综述[J].上海商学院学报,2010, 11(01): 75-78.

[22] 许红军,程伦,张雷.社交网络招聘有效性影响因素研究[J].中国人力资源开发,2013(03):28-32.
[23] 彭移风,宋学锋.如何评估招聘的有效性[J].人力资源,2008(03):49-51.
[24] 唐鑛,史珍珍.企业招聘效果评估研究[J].中国人力资源开发,2011(03):10-14.
[25] 王虎邦,甘甜甜.浅析招聘有效性评估指标体系的构建[J].中国市场,2013(20):38-39.
[26] 武亚航.提高中小企业招聘的有效性[J].中国人力资源开发,2005(03):43-45.
[27] Syamala G, Devi R T. A Study of Gender Discrimination at Campus Recruitment in the Professional Colleges [J]. Journal of Commerce & Management Thought, 2015, 6(2): 323.
[28] Pittaway L, Thedham J. "Mind the Gap" Graduate Recruitment in Small Businesses[J]. International Small Business Journal, 2005, 23(4): 403-426.
[29] 姚绍汉.提高校园招聘的有效性[J].经营与管理,2006(07):45-46.
[30] 王倩.高校校园招聘有效性的实证研究——基于Y大学2013届毕业生的调查[J].黑龙江教育(高教研究与评估),2014(07):72-73.
[31] 陈万思,毕向量,丁珏,等.化学品公司销售代表的校园招聘[J].中国人力资源开发,2011(03):61-64+71.
[32] 张晓春,卢平平.企业校园招聘有效性影响因素研究——基于企业角度的问卷调查[J].江苏商论,2012(08):150-152.
[33] 董艳辉.校园招聘有效性影响因素及提升对策研究[D].北京:北方工业大学,2015.
[34] 王忠.校园招聘的成功策略[J].中国人力资源开发,2003(10):48-49.
[35] 高玉梅.高校校园招聘活动简论[J].教育探索,2011(02):151-152.
[36] 姚天增,李海朋,崔昌华.企业校园招聘的问题及对策[J].山西师大学报(社会科学版),2011,38(S3):158-160.
[37] 吴继红,王颖,何凡.校园招聘宣讲会措施对大学生简历投递及品牌忠诚的影响[J].电子科技大学学报(社科版),2011,13(02):45-49.
[38] 宋昊.让校园招聘走出误区[J].人力资源,2008(19):64-66.
[39] 区乐廷,王丹.实习生计划:寻找校园招聘的蓝海[J].人力资源,2008(08):50-54.
[40] 李月琳,闫希敏.大学毕业生就业信息搜寻行为研究:信息源的选择与利用[J].图书情报知识,2015(05):57-65.
[41] 李忠香.校园招聘中的就业违约现象探析[J].中国成人教育,2010(24):43-45.
[42] 马思捷,谢合明.多层次模糊综合评价法在校园招聘中的应用[J].中外企业家,2012(03):146-148.
[43] Fowler, Floyd J.调查问卷的设计与评估[M].蒋逸民,译.重庆:重庆大学出版社,2010.
[44] 吴明隆.问卷统计分析实务[M].重庆:重庆大学出版社,2010.